공공주택으로 난생처음 내집마련

공공주택으로
난생처음
내집마련

김상암 지음

지식너머

📍 나에게 맞는 공공주택은 무엇일까?

청년 1인 가구와 신혼부부가 신청 가능한 공공주택은 무엇이고
신혼부부 기간이 지난 일반가정은 어떤 공공주택에 지원할 수 있는지,
고령자와 사회취약계층에게는 어떤 공공주택이 해당되는지 살펴보자.

청년 1인 가구

〈공급주택〉
역세권2030청년주택
행복주택(청년계층)
청년공공지원주택
청년매입임대주택
청년전세임대주택

〈대상자〉
대학생(취업준비생), 사회초
년생, 재취업준비생, 만
19세부터 만 39세
이하 미혼 청년

신혼부부

〈공급주택〉
신혼희망타운
행복주택(신혼부부계층)
공공분양주택(신혼부부 특별공급)
신혼부부매입임대주택
신혼부부전세임대주택

〈대상자〉
혼인 7년 이내 신혼부부,
예비 신혼부부,
만 6세 이하
자녀를 둔
한부모가정

나는 어떤 공공주택과 맞을까?

일반가정

〈공급주택〉
장기전세주택
국민임대주택
10년 공공임대주택
공공분양주택

〈대상자〉
무주택 일반가정,
다자녀가정, 노부
모 부양자, 생애최
초 주택구입자

고령자/취약계층

〈공급주택〉
영구임대주택
공공실버주택
매입임대주택
전세임대주택

〈대상자〉
만 65세 이상 고령자,
무주택 저소득가정,
보호대상 한부모가정,
수급자 및 차상위계
층, 유공자 및 장애인

계층별로 지원할 수 있는 대표적인 공공주택을 나열하였다.
또한 일반가정의 장기전세주택이나 국민임대주택에는 신혼부부계층과
고령자 / 취약계층도 신청 대상자가 된다.

📍 공공주택 자격 조건에는 어떤 것들이 있을까?

공공주택의 공통적인 신청 자격 조건은 주택 소유 여부, 자산 기준,
소득 기준으로 구분할 수 있다. 공공주택의 종류와 방식별로 차이가 있으니
아래를 참고하여 내가 신청하는 공공주택의 자격 조건을 꼭 확인해보자.

1. 주택 소유 여부

- 건물등기부등본, 건축물대장등본, 과세자료 등에 등재된 전국 소재 주택
- 주택에 대한 분양권 및 입주권
  * 주택 소유 여부는 신청자 본인을 포함한 세대 구성원 전원이 기준이다.

2. 자산 기준

부동산	자동차	금융	기타
토지, 상가, 오피스텔, 건축물	본인 소유 자동차	예금, 적금, 주식, 채권, 보험	임차보증금, 분양권

〈임대 방식 주택의 경우〉
- 총자산 가액 합산 기준 금액 28,000만 원 이하
- 자동차 가액 2,499만 원 이하
(국민임대주택, 행복주택 신혼부부계층 기준)

〈분양 방식 주택의 경우〉
- 총자산 가액 합산 기준 금액 21,550만 원 이하
- 자동차 가액 2,850만 원 이하
(특별공급, 일반공급 60㎡ 주택 신청자에 한함)

3. 소득 기준

도시근로자 월평균 소득기준표

(단위 : 원)

가구원 수	50%	70%	80%	100%	120%	130%	150%
3인 이하	2,700,907	3,781,270	4,321,451	5,401,814	6,482,177	7,022,358	8,102,721
4인	3,082,601	4,315,641	4,932,162	6,165,202	7,398,242	8,014,763	9,247,803
5인	3,349,933	4,689,906	5,359,892	6,699,865	8,039,838	8,709,825	10,049,798
6인	3,674,446	5,144,224	5,879,113	7,348,891	8,818,669	9,553,558	11,023,337
7인	3,998,959	5,598,542	6,398,334	7,997,917	9,597,500	10,397,292	11,996,876

〈적용소득〉
- 근로소득, 사업소득, 재산소득,
  기타소득
  * 근로소득 기준
    · 국민건강보험공단 보수월액
    · 국민연금공단 표준보수월액
  * 사업소득/재산소득 기준
    · 국세청 종합소득
  * 기타소득 기준
    · 연금소득/이자소득/임대소득

📍 공공주택 공고와 관련 정보는 어디서 볼 수 있을까?

공공주택을 이해하고 공부하려면 많은 정보가 필요하다.
공고문은 어디서 확인하고 신청은 어디서 어떻게 해야 하는지를 알아볼 수 있는
인터넷 사이트 몇 군데를 소개한다.

1. 마이홈 myhome.go.kr

◀ 포괄적인 주거 복지 안내를 알 수 있는 곳이며 자가 진단을 통해 공공주택 자격 여부를 쉽게 확인할 수 있다. 내게 맞는 주거 복지 서비스도 추천받을 수 있다.
또한 각 공사의 공공주택 모집 공고를 통합해서 볼 수 있는 사이트다.

2. LH청약센터 apply.lh.or.kr

◀ LH주택공사의 주택, 상가, 토지의 분양 정보를 한번에 볼 수 있으며 특히 공공주택의 종류와 방식을 이해하는 데 도움이 된다. 무엇보다 LH공사의 모집 공고를 가장 먼저 확인할 수 있으며 청약 결과와 당첨 결과를 확인하고 인터넷 신청을 하는 사이트다.

3. SH서울주택도시공사 i-sh.co.kr

◀ SH서울주택도시공사의 청약 정보를 한눈에 확인할 수 있는 곳이다. 서울시에 공급하는 분양주택, 임대주택 등 모집 공고를 볼 수 있고 인터넷 청약 신청을 할 수 있다. 또한 공고 '알리미 서비스'를 신청하면 모집 공고를 문자로 받을 수 있다.

4. 경기도시공사 gico.or.kr

◀ 경기도에 공급되는 주택, 상가, 토지 등 모집 공고와 청약 정보를 볼 수 있는 곳이다. '채팅상담'으로 실시간 문의가 가능하며 '분양알리미'를 통해 모집 공고 내용을 SNS로 받아볼 수 있다.

5. 한국주택금융공사 hf.go.kr

▲ 한국주택금융공사는 주택금융을 총괄하는 공기업으로 보금자리론, 디딤돌대출 등 주택담보대출과 전세 자금을 보증해주는 곳이다. 또한 주택을 담보로 연금을 받을 수 있는 주택연금을 신청하는 곳이다.

6. 주택도시기금 nhuf.molit.go.kr

▲ 주택채권, 청약저축 등으로 자금을 조성하여 국민주택 및 공공주택을 건설하는 자금을 지원하고 '신혼부부 버팀목 전세자금대출'과 '내집마련 디딤돌대출'을 취급하는 곳이다. 또한 청년계층을 위한 보증금 대출과 월세 대출을 해주는 곳이다.

내 집 마련이
'절망'이 아닌 '희망'이 되기를

"소장님, 저 당첨됐어요."

"소장님께 가장 먼저 연락 드려요. 정말 고맙습니다!"

공공주택 당첨 발표가 있는 날이면 휴대전화가 어지럽게 울려댑니다. 공공주택 관련 강의를 수강한 분들의 당첨 연락 때문이지요. 어느덧 공공주택 관련 강의를 한 지도 10년이 되었지만, 수강생들의 당첨 연락만큼 행복과 보람을 느끼는 순간도 없습니다. 절실한 누군가에게 도움이 되었다는 것에 대한 기쁨이겠지요.

그동안 공공주택을 주제로 약 10만 명이 넘는 수강생들을 만났습니다. 공공주택이 무엇인지도 모른 채 지인을 따라 무작정 수업을 들으러 온 분부터 공공주택에 대한 막연한 환상을 가지고 참여했던 분, 함께 살아갈 집이 없어서 결혼을 마냥 미루고 있던 예비 부부, 5년째 공공주택을 지원하고 있지만 번번이 떨어져 지푸라기라도 잡는 심정으로 온 청년 등.

참으로 여러 케이스의 다양한 사람들을 만났지만, 그들에겐 공통점이 있었습니다. 그것은 '내 집 마련'에 대한 걱정과 절망이었습니다.

🏠 서울에서 '내 집 마련' 정말 불가능할까? NO!

저는 그 절망을 '공공주택'이 희망으로 바꿀 수 있다고 믿습니다. 물론, 공공주택에 누구나 지원할 수 있는 것은 아닙니다. 일단 본인과 세대 전원이 무주택자여야 하지요. 소득과 총자산, 차량 가액 등의 제한도 있습니다. 이러한 조건 때문에 제대로 알아보지도 않고 "나는 안 되겠다"며 지레 포기하는 분들도 많고요.

하지만 알고 보면 생각보다 많은 사람이 공공주택에 지원할 수 있습니다. 일단, 무주택자라면 공공주택에 관심을 가져보시기 바랍니다. 이미 내 집이 있다면, 성인 자녀 혹은 부모님의 집을 공공주택으로 마련하는 방법도 있습니다. 공고에 나온 조건을 꼼꼼히 읽어보고 내 상황을 조건에 맞게 맞추다 보면 생각보다 지원의 폭이 넓어집니다.

특히 정부가 공공주택을 점차 확대해가면서 사회에 첫발을 내딛는 청년이나 보금자리 마련을 고민하는 신혼부부에 대한 지원 폭이 넓어졌습니다. 공공주택의 종류나 분양 방법도 다양하기 때문에 공공주택에 관심을 가지면 '내 집 마련'은 결코 불가능한 일이 아닙니다.

🏠 공공주택으로 내 집 마련을 하기까지

저 역시 공공주택으로 '내 집 마련'에 성공한 케이스입니다. 저는 2008년 서울의 보증금 7천만 원짜리 오피스텔에서 신혼을 시작했습니다. 아기를 낳으며 아파트로 입주를 희망했지만 억 단위의 빚을 지고 대출 이자를 갚으며 '하우스 푸어'가 되는 일은 막막하게만 느껴졌지요. 이곳저곳 발품을 팔아가며 매물을 보던 어느 날, 운명처럼 'SH 장기전세주택'의 버스 광고판이 저를 스쳐 지나갔습니다. 상황적으로 관심을 가질 수밖에 없었기에 인터넷으로 정보를 검색

하며 공공주택을 알아본 것이 시작이었지요.

저를 찾아오는 많은 수강생처럼 저도 처음에는 인터넷에 나온 정보만을 가지고 2년 동안 '묻지 마' 지원을 했습니다. 하지만 내 상황과 조건을 고려하지 않았기에 탈락할 수밖에 없었지요. 그러면서 점차 공고문을 공부하기 시작했고, 탈락의 이유를 분석하면서 제 나름의 노하우를 만들어갔습니다.

그로부터 2년 뒤 구로구 천왕역 근처의 '장기전세주택'에 당첨이 되어 공공주택에 첫 입주를 하게 됩니다. 59m^2의 방 3개짜리 아파트에 전세보증금이 1억 200만 원. 빚이 없어지며 본격적으로 돈을 모을 기회가 생긴 것입니다.

하지만 맞벌이를 하며 육아를 전담하는 아내의 회사와 집의 거리가 멀었고, 공공주택에 다시 지원하며 서초지구 '30년 국민임대주택'에 두 번째 당첨이 되었습니다.

공공주택에 당첨이 되었지만, 그러는 사이 제게는 어느덧 또 다른 목표가 생겼습니다. 평생이 보장되는 '내 집 마련'이었지요. 이 책의 핵심이기도 한 '생애주기별 내 집 마련 플랜'도 이때의 제 경험을 반영한 것입니다. 결국 제 상황을 공고문에 맞추면서 서초 지역의 공공분양주택에 당첨되었고 내 집 마련을 실현하였습니다. 신혼집 보증금 7천만 원으로 시작해 결혼 7년 만에 10억 원대 이상의 주택을 소유하게 된 것입니다.

공공주택에 대한 모든 것을 총망라

이 책은 처음 제가 그랬던 것처럼 공공주택에 관심이 있지만 어디서부터 시작해야 할지 모르겠고, 공공주택으로 내 집 마련을 희망하는 독자들을 위해 기획되었습니다.

사실 공공주택에 지원하고 당첨되기 위해서 가장 중요한 것은 공고문을 꼼꼼하게 읽는 것입니다. 그러나 공고문처럼 깨알 같고 빡빡하게 적혀진 문서도 없지요. 게다가 부동산 용어도 어려우니 더 헷갈릴 수밖에요.

이 책은 행복주택, 재개발임대주택, 역세권2030청년주택, 장기전세주택, 공공분양주택, 신혼희망타운 등 다양한 공공주택의 종류를 알고 자신의 상황과 조건에 맞는 공공주택을 찾아 '내 집 마련'이 가능하도록 구성되었습니다.

또한, 독자 개개인이 자신의 상황에 맞는 공공주택을 이해하고 생애주기별 주거 로드맵을 그려서, 임대부터 분양까지 준비가 가능하도록 만들어졌습니다.

당첨 확률을 높이기 위해서는 나의 상황에 맞는 공고를 찾는 것도 중요하지만, 공고문에 맞게 내 상황을 맞추는 것이 꼭 필요합니다.

부디 내 집 마련이 절실한 독자들에게 이 책이 희망이 되었으면 좋겠습니다. 공공주택을 통해 내 집 마련을 실현하고 집이 절망이 아닌 희망이 되기를 간절히 바랍니다.

2019년 5월

홈드림연구소 소장 김상암

차례

Chapter 2 [공공임대] 생애 첫 집 구해볼까?

Chapter 3 [공공분양] 수도권에 난생처음 내 집 마련

잘 키운 청약통장 강남아파트 안 부럽다!

Chapter 5 이제는 실전이다! 상황별 사례들

Chapter 1

서울에서 내 집 마련,
공공주택으로 가능하다!

01

내 집 마련,
생애주기별 전략이 필요하다

자고 일어나면 천정부지로 치솟는 서울 아파트값. 서울에 어딜 가도 빼곡히 아파트가 들어서 있지만, 평생 월급을 모아도 내 집 마련이 가능할까 싶을 정도로 집값이 비싸다. 결혼하면서 부모가 집을 사주었거나 일찍이 투자를 통해 돈을 모은 경우가 아니라면, 사회초년생 혹은 신혼부부가 대출 없이 내 집 마련에 성공하는 것은 불가능에 가깝다.

어디 서울뿐이랴? 경기도 판교나 과천은 서울 평균 집값을 넘어섰고, 부산 해운대, 대구 수성구 범어동, 광주 남구 봉선동, 인천 송도신도시는 서울 집값과 견주어도 못지않게 비싼 곳이다. 청년 1인 가구나 신혼부부 그리고 일반 서민들이 이 지역에서 내 집 마련을 하는 것은 넘어설 수 없는 벽이라는 생각이 든다.

그럼에도 불구하고 내 집 마련을 쉽게 포기할 수 없는 까닭은 뭘까? 바로 내 집이 주는 '안정성' 때문이다. 어딘가에 나와 우리 가족이 마음 편히 오랫동안 살 수 있다는 것은 삶의 질을 좌우한다. 필자가 10년째 공공주택 부동산 관련 강의를 하고 있는 것도, 사람들이 필자를 찾아오는 것도 '내 집'에 대한 절실함 때문이다.

물론 부동산을 거주의 관점보다는 오로지 투자의 관점으로 생각하는 사람들도 많다. 그래서 부동산 관련 책을 탐독하고 각종 세미나에 참석하거나 경매 학원에 다니기도 한다. 그 이유야 어떻든 부동산에 관심을 가지고 공부하는 것은 바람직하다. 그러나 부동산의 첫 목적은 마음 편하게 쉬고 잠잘 수 있는 거주로써의 기능이어야 한다고 본다.

부동산 강의를 하다 보면 내 집 마련을 위해 이것저것 알아보다가 부동산의 어려운 용어와 정책, 내 집 마련 자금 부족 등의 이유로 일찍이 내 집 마련을 포기한 사람들을 많이 보았다. 그들은 인간생활의 3대 기본 요소인 의식주 중 주거가 잡혀 있지 않으니 삶에 목표가 없고, 주거에 대한 불신과 불만이 가득했다.

그러나 그들에게 말해주고 싶다. 국가나 지자체에서 무주택 청년과 신혼부부, 일반가정에게 공급하는 공공주택을 공부한다면 서울뿐만 아니라 대한민국 어디든 내 집 마련이 불가능한 이유가 없다고 말이다. 이것은 필자가 앞서 증명했고, 필자의 강의를 듣고 상담했던 수많은 사람이 증명했다!

　지금부터 공공주택이 무엇이고, 어떻게 내 집 마련을 하는지 알아보겠다.

공공주택에 관심을 가져야 하는 이유

공공주택이란 무엇일까? 쉽게 설명하면 주변에서 볼 수 있는 LH 또는 SH 아파트로 생각하면 된다. 즉, 국가와 서울시, 부산시, 경기도 등 지자체에서 공급하는 주택이다.

　그렇다면 공공주택에 왜 관심을 가져야 할까? 필자는 그 이유를 세 줄로 요약해 설명하고 싶다.

　첫째, 공공주택을 알면 집에 대한 희망이 생긴다.
　둘째, 집에 대한 희망이 생기면 구체적인 목표가 생긴다.
　셋째, 집에 대한 목표가 생기면 내 집 마련이 가능해진다!

　대한민국 국민이라면 누구나 내 집 마련을 바라고 꿈꾼다. 하지만 독립하고 결혼하면서 차츰차츰 현실이 녹록지 않다는 것을 알게 된다. 그리고 '살아가는 동안 서울이나 수도권에서 내 집 마련이 가능한 일이기는 할까?'라고 생각하며 포기하게 된다. 집이 절망이 되는 자연스러운 과정이 아닌가 한다.

희망이 없으니 목표가 없고 목표가 없으니 계획도 없고 계획이 없으니 부동산에 관심 또한 없는 것이 당연한 일이 아닐까? 필자는 그들에게 공공주택이 마지막 희망이 될 수 있다고 얘기하고 싶다. 내 집 마련을 포기하지 못했거나 포기하기 직전이라면 반드시 공공주택에 관심을 가져보라. 무주택자라면 공공주택으로 내 집 마련을 할 기회가 반드시 있기 때문이다.

"공공주택이 뭐야?"

"그거 임대아파트 아니야?"

정부나 지자체가 여러 홍보를 하고 있음에도 여전히 공공주택에 대해 잘 모르거나 생소하게 생각하는 사람들이 있다. 그리고 공공주택을 '임대아파트'라며 무조건 기피하는 사람들도 많다. 소위 '저소득층을 위한 아파트'라는 이미지 때문이다.

맞다. 공공주택은 사회적 배려 대상자를 위한 주택이다. 하지만 저소득층뿐만 아니라 이제 막 사회생활을 시작하는 평범한 청년과 신혼부부, 혹은 무주택 일반 가정까지도 해당 사항이 있다! 잘만 활용하면 삶에 큰 도움이 될 공공주택을 선입견 때문에 기피하거나 외면하는 현실이 안타깝다.

물론 이런 편견은 임대아파트에 부정적 견해를 가진 언론에 의해 생겨났을 것이다. 하지만 집이란 녀석이 계속해서 나와 내 가족을 힘들게 만들 수 있다는 것을 안다면 편견을 버리고, 냉정히 생각해야 하지 않을까?

"소장님, 저 멀리 창가에 보이는 롯데타워가 새삼 아름답게 느껴져요."

"소장님, 신혼집을 마련해 결혼할 수 있다니 정말 믿기지 않아요."

"소장님, 아이들 방이 생기니까 아이들이 너무 좋아하네요."

잠실 롯데타워 근처에 살아도 그 높은 건물을 볼 수 없는 반지하에 살던 1인 가구, 5년 넘게 교제했지만 학자금 대출을 갚다보니 모은 돈이 없어서 신혼집을 구하지 못한 예비부부, 방 하나에 주방 겸 거실 있는 10평 남짓한 곳에 초등학생 두 아이와 살고 있는 가족 등.

대한민국의 평범한 이들이 공공주택에 입주하고 나에게 보낸 메시지다. 이들의 말 한마디에서도 공공주택으로 인해 이들의 삶의 질이 어떻게 바뀌었는지를 알 수 있다.

각각의 사연마다 집이 필요한 이유는 다르지만 집에 대한 절실함은 같다. 그 절실함 때문에 공공주택에 관심을 가지게 되었고 공공주택의 매력을 제대로 알게 되니 나도 한번 도전해야겠다는 목표가 생기게 된 것이다. 그리고 구체적인 전략과 계획으로 열심히 도전하다보니 당첨되었던 것이다.

이들이 공공주택을 알기 전에 가지고 있던 집에 대한 절망감은 공공주택을 알고 나서 희망으로 바뀌었다. 그리고 이들은 당첨된

후 공공주택에서 주거의 안정성을 찾고 새로운 다음 목표를 향해 나아가고 있다.

🗨 불가능해보이는 내 집 마련이 공공주택으로 가능하다고?

불가능한 내 집 마련이 왜 공공주택으로 가능할까? 첫 번째 이유는 공공주택은 같은 지역의 일반 아파트의 시세보다 훨씬 저렴하기 때문이다.

2019년 서울시 민영아파트의 분양 금액은 평균 7~8억 원 정도이다. 강남의 경우는 13~15억 원 정도 된다. 하지만 공공분양의 경우는 평균 4~5억 원 정도로 서울 평균 민영 분양가 대비 절반 정도 수준이다. 놀랍지 않은가?

그렇다면 내 집 마련까지 걸리는 기간은 얼마일까? 매월 400만 원씩 모은다고 가정하면 서울 아파트의 평균 분양가인 8억 원은 16년, 강남 지역 아파트의 평균 분양가인 15억 원은 31년이 걸린다. 반면 공공주택의 분양가인 평균 4억 원은 8년 정도가 걸린다.

하지만 매월 400만 원씩 꼬박꼬박 저축이 가능한 사람이 얼마나 있을까? 매월 200만 원씩 모은다면 서울 평균은 30년, 강남 평균은 62년, 공공 분양 평균은 16년 정도로 기간이 점점 늘어난다.

내 집 마련 평균 소요 기간

	서울 평균 8억 원	강남 평균 15억 원	공공분양 평균 4억 원
400만 원	16년	31년	8년
200만 원	30년	62년	16년
100만 원	61년	125년	33년
50만 원	119년	250년	66년

공공주택이면 내 집 마련이 가능한 두 번째 이유는 공공주택을 이용하면 내 집 마련을 위한 단계적인 전략을 세울 수 있기 때문이다.

공공주택의 종류는 크게 임대와 분양으로 나뉜다. 공공주택의 분양가도 청년이나 신혼부부에게 부담이 되기는 마찬가지이기 때문에 행복주택이나 청년주택, 장기전세주택 등 보증금과 월 임대료가 시세보다 훨씬 저렴한 임대 방식으로 시작한다면 내 집 마련을 하기 위한 발판을 마련할 수 있다.

Chapter 2에서 소개할 각 공공임대주택마다의 특장점을 파악하고 나서 본인의 상황에 맞는 임대 주택을 선택하여 입주해 살면서 Chapter 3에서 소개할 공공분양주택에 대한 자격과 잔금을 준비하면 된다.

예를 들면, 미혼 1인 가구일 때는 청년주택이나 행복주택 등에서 청년계층으로 거주하다가 결혼해서는 행복주택의 신혼부부계층으로 다시 신청하면 된다. 신혼부부는 최장 10년 동안 거주할 수 있지만 행복주택에 거주하면서 신혼부부로 인정하는 혼인 7년 이내에 임대 방식의 국민임대주택이나 장기전세주택 등 신혼부부 우선공급으로 주거지를 옮겨가는 방법도 있다.

또한 임대 방식이 아닌 분양 방식의 신혼희망타운이나 공공분양주택으로 갈아타도 좋은 방법이다. 만일 신혼부부 혼인 기간 7년을 초과하면 생애최초 특별공급이나 일반공급 방식으로 또다시 도전하는 방법도 있다.

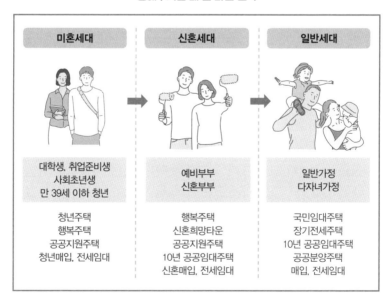

생애주기별 내 집 마련 전략

미혼세대	신혼세대	일반세대
대학생, 취업준비생 사회초년생 만 39세 이하 청년	예비부부 신혼부부	일반가정 다자녀가정
청년주택 행복주택 공공지원주택 청년매입, 전세임대	행복주택 신혼희망타운 공공지원주택 10년 공공임대주택 신혼매입, 전세임대	국민임대주택 장기전세주택 10년 공공임대주택 공공분양주택 매입, 전세임대

공공주택으로 내 집 마련이 가능한 세 번째 이유는 빚 없이 시작할 수 있기 때문이다. 정확하게 말하면 대출이 없거나 최소화해서 집을 구할 수 있다. 일반적으로 서울에서 방 2개에 거실이 있는 20평대 아파트의 평균 전세가는 3~4억 원 정도 되고 강남은 5~7억 원 정도 된다. 이 금액은 독립하는 청년이나 1인 가구는 엄두도 못 내는 목돈이다. 신혼집을 구하는 예비부부나 신혼부부도 대출 없이는 불가능한 금액이다.

하지만 공공주택 중 장기전세주택의 전세보증금은 서울 기준으로 $59m^2$(25평)가 평균 1억 원 중반 정도이고, 강남은 3억 원대 정도이다.

이처럼 빚 없이 혹은 빚을 최소화하여 저렴한 공공임대주택으로 보금자리를 시작한다면 내 집 마련이 멀게만 느껴지는 일은 아니다. 우선 임대주택으로 주거 안정성을 찾고 내 집 마련을 위한 자금을 모아 공공분양주택을 목표로 삼는다면 내 집 마련은 절대 불가능하지 않다!

공공주택으로 생애주기별 내 집 마련 전략 짜기

살면서 평생 집 고민을 안 해도 된다면? 생각만 해도 즐겁고 행복하겠지만 금수저를 물고 태어난 것이 아니라면 과연 가능할까?

그러나 공공주택이라면 평생 집 고민을 안 할 수 있다. 물론 희망하는 주거 조건에 따라 다소 다르겠지만, 다른 사람들보다 집 고민을 덜게 될 것이다.

그렇다면 청년, 신혼부부, 일반가정 등 계층별로 주거 고민이 무엇인지 살펴보고, 공공주택을 활용한 생애주기별 전략을 알아보자.

1. 청년계층

청년계층이라고 하면 대학생, 사회초년생, 미혼 직장인 등 만 19세부터 만 39세까지의 1인 가구가 해당한다. 이들의 가장 큰 주거 고민은 바로 비싼 주거비(월세)다. 서울시 평균 월세가 50만 원이 넘고 강남 일대 오피스텔 월세는 100만 원이 넘는다. 물론 이 평균 시세보다 훨씬 저렴한 집도 있겠지만, 주거 환경이 열악하거나 서울 도심에서 많이 떨어져 있다.

회사 근처에서 비싼 월세를 지불하며 살기에는 부담이 되고, 그렇다고 도심에서 떨어진 곳에서 살자니 교통비와 삶의 질이 떨어진다. 결국 울며 겨자 먹기로 회사 근처에 비싼 월세를 지불하며 청춘을 보낸다. 한국보건사회연구원이 발표한 '청년주거실태조사(2016년)'에 따르면 청년 1인 가구의 월소득 대비 임대료 비율(RIR)이 20% 이상은 56.9%, 30% 이상은 37.0%로 나타났다. 이는 청년 1인 가구 10명 중 4명 정도가 최소 30만 원에서 최대 100만 원 이상을 월세로 지출한다는 의미다.

정말 청년들이 마음 편히 거주할 집은 없는 것일까? 역시 공공주택에 답이 있다. 최근 국가나 지자체에서 청년계층의 주거 문제에 대한 심각성을 인지하고, 이를 해결하기 위해 다양한 공공임대 정책을 내놓고 있다.

그렇다면 청년들을 위한 공공주택에는 무엇이 있을까?

도심 지역에 저렴하게 공급하는 '행복주택', 지하철 역세권에 공급하는 '역세권2030청년주택', 주거공간은 독립되어 있고 식당이나 세탁실, 카페 등은 함께 사용하는 '청년공공지원주택', 도심 지역 다세대주택을 리모델링해서 아주 저렴하게 공급하는 '청년매입임대주택', 여성들만 안전하게 거주 가능한 '여성안심주택', 부족한 보증금을 낮은 이자에 빌려주는 '청년전세임대주택' 등. 청년계층의 주거 해결을 위해 다양한 주거 형태를 마련하고 있다는 것을 기억하자.

부모로부터 독립하기 위해 집이 필요한 독립예정자, 졸업하고 이제 막 사회생활을 시작하는 사회초년생, 지방에서 서울로 상경한 지방 출신 거주자, 소득의 많은 부분을 월세로 지불하는 미혼 직장인 등 집이 필요한 이유와 목적은 모두 다르겠지만, 공공주택을 생애 첫 집으로 시작한다면 목돈을 모을 수 있는 좋은 대안이 될 수 있다.

2. 신혼부부계층(예비부부 포함)

신혼부부계층은 집에 대한 고민이 본격적으로 시작되는 단계이다. 부모님의 품에서 떨어져 부부만의 주거를 찾으면서 지금까지 경험하지 못한 어렵고, 복잡한 문제를 맞닥뜨리게 된다. 집 때문에 결혼을 미루거나 포기하는 경우도 많다고 한다. 필자가 공공주택 강의에서 만난 예비 신혼부부의 말이 기억난다.

"집이 있어야 비로소 결혼 날짜를 잡을 수 있어요."

신혼부부가 결혼하면서 신혼집을 매매하거나 분양받는 경우도 있겠지만, 대부분 전세나 월세로 집을 구하게 된다. 처음에는 아파트를 보러 갔다가 결국 빌라나 다세대 주택을 계약하게 된다. 그 이유는 돈이 부족하기 때문이다. 대한민국 수많은 신혼부부가 이렇게 대출받아서 빚을 지고 시작하는 것이 대수롭지 않게 여겨지는 세상이 아닌가?

그렇다면 신혼부부가 대출 없이 집을 구하는 방법이 없을까? 앞서 청년계층과 마찬가지로 공공주택이라면 빚이 없거나 빚을 최소화하여 집을 구할 수 있다. 물론 신혼부부마다 처한 환경과 조건에 따라 기준이 다르지만 대출 없이 1억 원 정도 준비된다면 수도권에서 방 2~3개 있는 20평대 아파트에 입주할 수 있다.

1억 원이면 서울 원룸의 전셋값도 안 되는데 정말 가능한 일일까? 물론 공공주택이 아니면 불가능한 일이다. 그렇다면 신혼부부를 위한 공공주택은 어떤 것이 있을까?

시세의 반값으로 분양받고도 집값의 최대 70%까지 저리로 대출해주는 '신혼희망타운', 부담 없는 보증금과 월 임대료로 최장

10년간 거주하는 '행복주택', 보증금 1억 원대로 25평 아파트에 일단 살아보고 분양받을 수 있는 '10년 공공임대주택', 착한 분양가로 내 집 마련의 꿈을 현실로 만들어주는 '공공분양주택' 등. 신혼부부가 집 때문에 결혼이나 출산을 미루지 않도록 배려한 공공주택이 많다.

필자는 대한민국 신혼부부들에게 정말 내 집 마련을 희망한다면 아래의 세 가지를 꼭 명심하라고 말한다.

첫째, 혼인 신고는 최대한 늦게 하라.
둘째, 자녀 계획은 최대한 빨리하라.
셋째, 청약통장은 부부 각자 가입해서 유지하라.

혼인 신고는 최대한 늦게 하고, 자녀 계획은 최대한 빨리하라고? 이게 무슨 앞뒤가 맞지 않는 얘기일까 갸우뚱 하는 독자들이 많을 거라고 본다. 그러나 공공주택으로 내 집 마련을 하겠다고 마음먹었다면 다음의 이야기를 주목해서 읽어보길 바란다. 그러면 무릎을 치고 공감할 수 있으리라.

일반적으로 신혼부부가 전세 자금 대출을 받으려면 결혼 전 혼인 신고를 먼저 해야 하고 대출금을 빨리 갚으려면 맞벌이를 계속하며 자녀 출산은 미루고 미뤄야 한다고 생각한다.

또한, 계획보다 결혼 비용이 많이 들어서 결혼 전 가입한 청약통장을 해지하기도 한다. 이것이 보통의 신혼부부가 결혼을 준비하는 과정이다. 하지만 필자는 이와는 정반대로 시작하라고 말한다.

보통의 신혼부부가 맞벌이를 하더라도 서울에 전세 아파트를 마련하는데 28년 정도 걸린다. 그렇다면 내 집 마련은 전세 아파트보다 더 많은 기간이 걸릴 수밖에 없지 않은가? 그래서 보통의 일반적인 신혼부부와 다르게 필자가 말한 세 가지 법칙을 꼭 명심하고 생애주기별 공공주택을 준비하면 좀 더 유리하게 내 집 마련을 할 수 있다.

3. 일반계층

만 39세 이하의 미혼 청년계층이 아니고, 혼인 7년 이내의 신혼부부계층에도 해당하지 않는다면 일반계층에 포함된다. 결혼해서 자녀가 유치원 또는 초등학생인 미성년자이거나 대학생 등 성년이 된 자녀를 둔 가정을 일반계층이라고 구분한다. 이들은 이미 집을 보유한 상태이거나 전세 또는 월세로 거주하며 내 집 마련에 대한 계획이 있고 실행하는 단계이다.

그렇다면 일반계층의 가장 큰 주거 고민은 무엇일까? 만일 현재 주택을 소유하고 있다면 주택 대출 상환에 대한 고민이 클 것이다. 적게는 수천만 원에서 많게는 수억 원의 대출을 받았을 거고 대출 원금과 이자로 적게는 수십만 원에서 많게는 수백만 원을 매달 꼬박꼬박 그것도 수십 년 동안 갚아야 한다는 것이 일반적인 가정의 주거 고민이다.

그리고 내 집 마련을 준비하는 가정도 향후 발생할 주택 대출에 대한 부담에서 자유롭지 않을 것이다. 또한 자녀 교육에 대한 관심이 커지면서 교육 환경에 적합한 주거지로 이동을 고민하는 경우도 많다.

일반계층이 대출의 그늘에서 벗어나고 편안하게 거주하는 방법은 없을까? 이 또한 공공주택에 답이 있다. 물론 일반계층의 다양한 주거 환경과 주거 조건에 따라 다를 수 있겠지만 분명한 것은 공공주택이라면 주거 자금에 대한 고민과 주거 불안에서는 자유로울 수 있다. 그렇다면 일반계층이 신청 가능한 공공주택에는 무엇이 있을까?

시세보다 저렴한 보증금에 월 임대료도 없이 최장 20년간 거주 가능한 '장기전세주택', 보증금 4~5천만 원에 월 20~30만 원대로 20평대 아파트에 거주 가능한 '국민임대주택', 저소득 사회취약계층·일반계층·고령자를 위한 '영구임대주택', 부족한 보증금을 저리에 국가가 대신 내주는 '전세임대주택', 저렴한 보증금으로 거주한 후 분양을 결정하는 '10년 공공임대주택', 소득 및 자산 상관없이 청약통장 하나로 반값 아파트를 분양받을 수 있는 '공공분양주택' 등. 일반계층 무주택자라면 공공주택으로 현 주거 고민을 해결할 수 있을 것이다. 무리한 대출로 '내 집인데 네 집 같은' 하우스푸어에서 벗어날 수 있는 좋은 방법이 될 것이라고 본다.

02

주거 정책을 알면
내 집 마련이 쉬워진다

앞서 말했듯이 공공주택은 국가와 서울시, 부산시, 경기도 등 지자체에서 공급하는 주택이다.

공공주택의 공급 방식은 크게 4가지로 구분할 수 있는데, 첫 번째는 임대 방식이다. 시세보다 낮은 보증금을 걸고 매월 임대료를 지불하는 방식이며, 입주자에게 분양 전환이 되지는 않는다. 두 번째는 전세 방식이며, 대표적으로 장기전세주택이 있다. 월 임대료 없이 보증금만 걸고 최장 20년간 거주할 수 있지만 이 또한 분양 전환되지 않는다. 세 번째는 분양 방식의 주택으로 당첨자로 선정되고 입주(등기) 이후 재산권 등 주택을 소유하게 된다. 마지막 네

번째는 보증금을 지원하는 방식으로 민간주택의 전월세 보증금의
일부를 국가나 지자체가 낮은 이자로 지원하는 방식이다.

공공주택 공급 방식

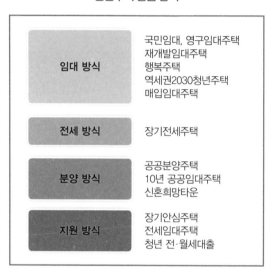

임대 방식	국민임대, 영구임대주택 재개발임대주택 행복주택 역세권2030청년주택 매입임대주택
전세 방식	장기전세주택
분양 방식	공공분양주택 10년 공공임대주택 신혼희망타운
지원 방식	장기안심주택 전세임대주택 청년 전·월세대출

공공주택은 전국적으로 공급되지만 수도권에 집중적으로 공급
되고 있다. 규모가 큰 택지개발지구 내 공급을 많이 하지만 요즘은
도심내 국유지나 시유지를 개발하여 행복주택, 청년주택 등 소규모
단위로 공급을 많이 한다. 과거 공공 주체로만 공급했던 방식에서
민간과 협력하여 공급하는 방식도 늘어나는 추세다. 대표적으로 서
울시가 공급하는 '역세권2030청년주택'은 대중교통 중심 역세권에
용도 지역을 상향해 용적률을 높이고 심의나 허가 절차를 간소화하

여 청년에게 임대 공급하고 있다.

🏠 공공주택에 지원 가능한 조건을 알아보자

대다수의 사람은 공공주택이 무엇인지도 잘 모를뿐더러 종류와 자격 요건이 까다롭다고 생각한다. 앞서 공공주택에 대한 개괄적인 설명을 했지만 이 또한 잘 이해되지 않을 것으로 필자는 생각한다. 공공주택의 종류와 방식은 차차 알아가면 되지만, 과연 내가 신청 자격이 되는지부터 확인하고 싶을 것이다. 그래서 공공주택 신청 자격 요건을 간단하게 확인하는 세 가지 방법을 설명해보겠다.

1. 무주택자라면 일단 도전해볼 만하다!

첫 번째 조건은 무주택자다. 즉 내 명의 주택을 소유하지 않으면 된다. 그런데 내 명의 주택은 없지만, 부모와 함께 거주하고 있고 그 부모가 주택을 소유하고 있는 경우는 나와 부모가 세대 분리를 하면 된다. 다만, 행복주택의 청년계층이나 예비 신혼부부의 경우는 주택을 소유한 부모와 같은 세대에 있더라도 신청자 본인만 무주택자이면 신청 자격에 문제가 없다. 하지만 혼인을 한 경우에는 배우자가 주택을 소유하고 있다면 세대 분리를 하더라도 무주택자에 해당하지 않는다. 또한, 토지나 상가, 오피스텔은 주택에 해당하지 않는다는 점도 알아두자.

2. 전체 자산이 2억 8천만 원을 초과하지 않아야 한다!

두 번째 조건은 자산 기준이다. 내 명의로 토지, 상가, 오피스텔이 있어도 이를 포함해 은행이나 금융 기관에 2억 8천만 원 이상 자산이 넘지 않는다면 아무런 상관이 없다. 현재 사회초년생이거나 1인 가구 청년이라면 자산 기준이 문제가 되는 경우는 드물다. 하지만 신혼부부나 일반 가정의 경우는 차량 또는 오피스텔을 소유하는 경우가 종종 있다. 합산 자산 가액은 해당 주택별로 다르지만 국민임대주택과 행복주택 신혼부부계층의 경우, 이를 합친 자산이 2억 8천만 원을 초과하지 않으면 되고, 청년계층은 23,200만 원을 초과하지 않으면 된다. 그리고 신혼희망타운의 경우는 29,400만 원을 초과하지 않으면 된다. 다만, 공공분양주택 $60m^2$ 이상의 일반공급의 경우에는 자산 기준이 아예 없다.

3. 소득에 따라 신청을 달리해야 한다!

세 번째는 소득이다. 쉽게 말하면 소득이 높지 않아야 된다. 소득이 높고 낮다는 기준이 앞서 말한 '도시근로자 월평균 소득 기준'이다. 만일 사회초년생이나 청년계층이 행복주택을 신청한다면 소득 기준은 80% 구간(3인 이하 기준 월 4,321,451원) 이내면 된다. 신혼부부나 예비부부가 신혼희망타운에 신청할 경우, 외벌이는 120% 구간(3인 이하 기준 월 6,482,177원)이고 맞벌이는 합산 130% 구간(3인 이하 기준 월 7,022,358원) 이내 조건이다.

하지만 80% 구간을 초과하는 청년계층이라면 행복주택보다 소득 기준이 높은 '역세권 청년주택'으로 신청하면 되고, 130% 구간을 초과하는 신혼부부라면 소득 기준이 전혀 없는 공공분양 일반 공급으로 신청하는 방법도 있다. 근로소득자의 소득은 건강보험관리공단의 '보수월액'을 기준으로 한다.

필자의 경험으로 보면 청년이나 신혼부부가 현재 주택을 소유하고 있거나 자산 기준이 초과하는 경우는 많지 않았다. 다만, 소득 초과가 문제 되는 경우가 있었다. 하지만 신청 방법을 다르게 한다면 그 또한 문제가 되지 않는다. 즉 무주택 조건만 충족한다면 도전해볼 수 있다고 생각하면 된다. 필자가 생각하는 문제는 '나는 자격이 되지 않아', '경쟁률이 높아서 나는 당첨되기 힘들어' 등 신청도 안 해보고 '나는 안 될 거야'라고 마음먹는 것이다.

🏠 공공주택으로 투자도 가능하다!

공공주택으로 투자가 가능할까? 결론부터 말하면 '가능하다'라는 것이 필자의 생각이다.

공공주택 강의 때, "소장님, 공공주택은 임대주택인데 어떻게 투자가 되죠?"라고 묻는 사람들이 많았다.

필자가 "공공주택이 임대주택만 있을까요?"라고 답하면 의외라는 표정을 짓는다. 이런 질문을 하는 분들의 특징을 보면 현재 주택을 소유하고 있지는 않지만, 어느 정도 자금의 준비가 되는 분들이다. 자녀의 교육 때문에 강남이나 목동 등에서 최소 5억 원 이상 전세로 거주하고 있는 학부모가 많을 것으로 본다.

이분들은 자녀 교육 후 주거를 어떻게 해야 하는지 고민한다. 현재 전세금에 대출을 받아서 집을 사야 하는지 아니면 경매나 분양권으로 하는 것이 좋을지 등을 놓고 고민한다. 필자는 그분들의 상황과 조건을 고려한 후 공공주택으로 내 집 마련을 투자 관점으로 준비하는 것이 좋다고 조언한다.

그래서 결론을 말하면 공공주택의 임대 방식(행복주택, 장기전세주택 등)은 거주의 개념이지 본인 명의로 소유권이 이전되지 않기 때문에 투자라는 개념 자체가 성립되지 않는다. 하지만 분양 방식의 공공분양주택이나 신혼희망타운 그리고 분양 전환되는 10년 공공임대주택의 경우는 임대 방식과 다르게 투자가 가능하다.

"공공주택은 투자 수익이 얼마나 되죠?"

투자 수익을 말한다는 자체가 필자도 부담스럽기는 마찬가지이지만 과거 공급했던 공공분양주택의 사례를 보면 2011년에 공급한 보금자리지구 중 강남지구와 서초지구의 최초 분양가는 평균 3.3m^3

당 1,000만 원 정도 했다. $59m^3$ 경우 평균 2억 5천만 원, $84m^3$ 경우 평균 3억 5~6천만 원 정도로 공급했다. 그때 당시 주변 시세보다 매우 저렴한 분양가로 공급하다보니 높은 경쟁률이 나올 정도로 인기가 많았다.

2013~2014년쯤 입주를 시작했고 현재 2019년 기준으로 $59m^3$ 경우 9~10억 원 정도이고, $84m^3$ 경우 12~14억 원 정도 시세가 확인된다. 그렇다면 최초 분양가 대비 얼마나 올랐을까? 평균 3~4배가량이 올랐다고 볼 수 있다.

그리고 2014년 공급했던 하남 미사지구 내 A8블럭 공공분양주택의 경우 $3.3m^3$당 900만 원대로 주변 시세보다 20~30%가량 저렴하게 공급했었고 2019년 현재 기준으로 $59m^3$ 경우 5~6억 원, $84m^3$ 경우 7~8억 원으로 최초 분양가 대비 2~3배정도 올랐다. 그해 위례신도시 내 A2-2블럭 공공분양주택의 분양가는 $59m^3$는 3억 6천만 원대, $84m^3$는 5억 원 정도에 공급했고 입주 3년이 지난 2019년 시세가 $59m^3$는 8억 원대, $84m^3$는 10~11억 원대로 두 배 이상 올랐다. 분양가는 향후 더 상승할 것으로 보인다.

"그때와 다르게 지금은 집값이 많이 올랐는데, 다시 이런 기회가 올까요?"

많은 사람이 '다시 이런 기회가 나에게 올까?'라고 생각할 것이다. 필자는 '무조건 온다'라고 생각한다. 물론 공급 가격이 그때와는 다를 수 있다. 하지만 분명한 것은 시세보다 저렴한 것은 변함이 없다.

한 예로 2018년 12월에 공급한 '위례 신혼희망타운'을 보자. 신혼부부 전용 특화 단지로 공급했고 신혼부부와 예비부부만 신청이 가능했음에도 불구하고 평균 경쟁률 54:1, 최고 경쟁률 143:1로 340세대 모집에 총 18,209명이 신청할 만큼 인기가 많았다.

위례 신혼희망타운 분양가(LH공사)

■ 수택분양가격(발코니 확장비, 주가선택품녹 비봉본 별도)　　　　　　　　　　　　　　　　　　(단위 : 천원)

주택형	타입	충별	타입별	주택가격	계약금 10% 계약시	1차 중도금 10% ('20.01.22)	2차 중도금 10% ('20.11.23)	잔금 입주시
046.0000A	46A	1층	기본형	350,860	35,086	35,080	35,080	245,614
			마이너스옵션	333,870	33,387	33,380	33,380	233,723
		2층	기본형	354,590	35,459	35,450	35,450	248,231
			마이너스옵션	337,600	33,760	33,760	33,760	236,320
		3층	기본형	362,060	36,206	36,200	36,200	253,454
			마이너스옵션	345,070	34,507	34,500	34,500	241,563
		4층	기본형	369,520	36,952	36,950	36,950	258,668
			마이너스옵션	352,530	35,253	35,250	35,250	246,777
		5층~최상층	기본형	373,260	37,326	37,320	37,320	261,294
			마이너스옵션	356,270	35,627	35,620	35,620	249,403
	46A-1	1층	기본형	350,860	35,086	35,080	35,080	245,614
			마이너스옵션	333,870	33,387	33,380	33,380	233,723
		2층	기본형	354,590	35,459	35,450	35,450	248,231
			마이너스옵션	337,600	33,760	33,760	33,760	236,320
		3층	기본형	362,060	36,206	36,200	36,200	253,454
			마이너스옵션	345,070	34,507	34,500	34,500	241,563
		4층	기본형	369,520	36,952	36,950	36,950	258,668
			마이너스옵션	352,530	35,253	35,250	35,250	246,777
		5층~최상층	기본형	373,260	37,326	37,320	37,320	261,294
			마이너스옵션	356,270	35,627	35,620	35,620	249,403
055.0000A	55A	1층	기본형	418,450	41,845	41,840	41,840	292,925
			마이너스옵션	398,650	39,865	39,860	39,860	279,065
		2층	기본형	422,910	42,291	42,290	42,290	296,039
			마이너스옵션	403,110	40,311	40,310	40,310	282,179
		3층	기본형	431,810	43,181	43,180	43,180	302,269
			마이너스옵션	412,010	41,201	41,200	41,200	288,409
		4층	기본형	440,710	44,071	44,070	44,070	308,499
			마이너스옵션	420,910	42,091	42,090	42,090	294,639
		5층~최상층	기본형	445,170	44,517	44,510	44,510	311,633
			마이너스옵션	425,370	42,537	42,530	42,530	297,773
	55A-1	1층	기본형	418,610	41,861	41,860	41,860	293,029
			마이너스옵션	398,810	39,881	39,880	39,880	279,169
		2층	기본형	423,060	42,306	42,300	42,300	296,154
			마이너스옵션	403,260	40,326	40,320	40,320	282,294
		3층	기본형	431,970	43,197	43,190	43,190	302,393
			마이너스옵션	412,170	41,217	41,210	41,210	288,533
		4층	기본형	440,870	44,087	44,080	44,080	308,623
			마이너스옵션	421,070	42,107	42,100	42,100	294,763
		5층~최상층	기본형	445,330	44,533	44,530	44,530	311,737
			마이너스옵션	425,530	42,553	42,550	42,550	297,877

아마 수도권에 거주하는 신혼부부라면 누구나 관심을 가지고 많이 신청했을 것이다. 왜 이렇게 인기가 많았을까?

그 이유는 단연 착한 분양 가격이다. 정확하게 말하면 시세보다 매우 저렴했기 때문이다. 앞서 언급했지만 현재 위례신도시의 $46m^3$~$59m^3$형대 소형아파트의 시세는 8~9억 원 내외인데, $46m^3$, $55m^3$형으로 공급한 신혼희망타운은 최저 3억 5천에서 최고 4억 4천만 원이었다. 시세 대비 절반가에 해당하는 금액이다.

신혼희망타운으로 투자가 가능한 또 다른 이유는 착한 대출에 있다. 정부에서 분양가의 최대 70%까지 기금 대출을 해주고 1.3% 고정 금리로 20~30년 동안 저리에 대출해주기 때문이다. 즉, 분양가의 30%인 약 1억~1억 3천만 원으로 내 집 마련이 가능하다는 계산이다.

이러한 이유로 "신혼부부에게만 특혜를 준다", "당첨만 되면 로또다" 등 말이 많기도 하다. 그렇기 때문에 전매제한과 의무 거주 기간이 적용되기도 하고 전매 시 양도 차익을 매도자와 국가가 나누는 기준도 있다. 하지만 분명한 사실은 서울과 경기권에서 1억 원대로 신축 아파트를 살 수 있는 유일무이한 방법이라는 것이다.

국가나 지자체에서 청년이나 신혼부부 그리고 저소득 일반계층의 주거 안정을 목적으로 공공주택을 임대로 공급하는 것이 맞다고 본다. 집을 소유가 아닌 거주의 관점으로 바라보자는 말에도 동감한다. 하지만 청년과 신혼부부가 평생을 내 집 없이 살 수는 없지 않은가? 필자는 이들에게 이렇게 말하고 싶다.

"네 시작은 행복주택이나 네 나중은 공공분양으로 하여라."

🏠 공공주택과 관련된 주거 정책들

국가의 공공주택 정책을 알면 내 집 마련이 쉬워진다. 국가의 공공주택 정책이란 무엇을, 누구에게, 얼마만큼, 어떻게 공급하는지 알아야 한다는 말이다. 어떻게 보면 시험을 준비하는 학생에게 선생님이 출제 유형과 범위, 예상 문제를 알려주는 격이다. 어느 정도 알고 시험을 보는 것과 전혀 모르는 상태에서 시험을 보는 것의 결과는 다를 수밖에 없다. 내 집 마련을 희망한다면 국가의 주거 정책을 반드시 알아야 공공주택 당첨에 유리하다.

그렇다면 현 정권의 주거 정책은 무엇일까? 2018년 발표한 '주거 복지 로드맵(http://www.molit.go.kr/housingroadmap/main.jsp)'을 보면 한눈에 알 수 있다. 주거 복지 로드맵에 따르면 2022년까지 청년계층, 신혼부부계층, 고령자·저소득취약계층에게 총 100만 호를 공급한다는 계획이다.

여기서 100만 호라고 하면 어느 정도의 규모인지 가늠하기가 쉽지 않다. 과거 노태우 정부 시절에 최초로 지정한 1기 신도시 중 규모와 공급 세대수가 가장 많은 곳이 바로 경기도 성남시 분당신도시다. 그때 분당신도시에 공급 세대가 약 9만 8천 호다. 그렇다면 현 정부의 100만 호는 그때 당시 분당신도시 10개 이상 해당하는 물량이다. 물론 100만 호 전부 다 새롭게 건설해서 공급되는 것은 아니지만 적지 않은 물량임은 분명하다.

100만 호 중 대상별로 공급 방식과 물량은 각각 다르다. 우선 청년계층에게 청년주택, 공적임대주택 등 총 19만 호가 공급되고 공공임대주택, 신혼희망타운 등 신혼부부계층에게 총 20만 호가 공급된다. 그리고 저소득 일반가구에게 공공임대주택 등 총 41만 호를,

주거 복지 로드맵(국토교통부)

고령자계층에게 총 5만 호를 공급한다. 2018년 12월과 2019년 5월 두 차례 발표한 남양주, 하남, 인천 계양, 과천, 부천, 고양 등 3기 신도시 지정하는 것 또한 큰 범위의 주거 정책의 일환이라 생각하면 된다. 단순한 주택 공급을 넘어 주거를 통한 사회 통합까지 실현하는 것이 현 정부의 주거 정책이자 목표라고 볼 수 있다.

청년계층이나 신혼부부계층뿐만 아니라 무주택자에게 정말 반가운 소식이고 환영할 만한 정책임은 분명하다. 하지만 말한 대로 정말 실현이 되느냐가 매우 중요하지 않을까? 그야말로 소문난 잔치에 먹을 것 없다는 속담처럼 되지 않기를 간절히 바란다.

또한, 이처럼 공급을 많이 할 때, 내 집 마련의 기회가 있다고 본다. 청년이나 신혼부부, 그리고 일반 무주택자라면 반드시 관심을 가지고 미리미리 준비하길 바란다.

네가 살면 임대아파트, 내가 살면 아방궁?

"너희 집은 어디야?"

"내 아파트에 살아요."

보통 공공택지 내 초등학교 학생들 사이에서 공공임대주택을 '내' 아파트로 불린다고 한다. 여기서 '내'란 LH주택공사의 'LH' 표기를 한글이라고 생각하고 보면 '내' 자로 읽히는 것을 말한다고 한다. 어떻게 생각하면 초등학생들의 보이는 대로 인식하는 순수함에서 비롯된 것이라 생각한다.

그런데 아이들처럼 보이는 것만 보지 않고 보이지 않는 것까지 보고 생각하는 일부 어른들의 인식이 공공임대주택의 편견을 만들고 있다. 그래서 정작 '내' 아파트에 사는 부모와 아이들의 자존심에 상처가 된다. 그래서 LH주택공사나 지자체 주택공사에서 이미지 개선을 위한 노력을 하고 있지만 어지간해서는 쉽게 바뀌지는 않을 거라는 생각이 든다.

살인적인 서울의 집값이나 전셋값을 피해 긴 시간을 준비하고 어렵게 당첨된 공공임대주택에 입주해서 마냥 행복했는데 미처 생각지도 못한 것에 스트레스와 상처를 안고 퇴거하려는 분을 필자는 적지 않게 만나봤다.

네덜란드 유명 건축가 프리츠 반 동겐이 설계한 강남보금자리 주택(대한건축사협회)

설계공모 등을 통해 임대주택의 지속적인 차별화 시도(국토교통부)

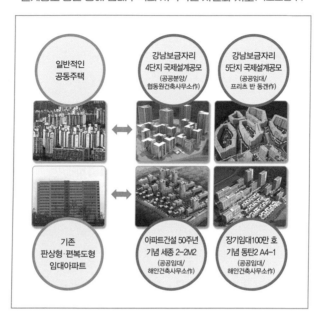

"소장님, 아무래도 이사를 가야 할 것 같아요."

"아니, 왜요?"

"아이들이 임대아파트에 산다고 유치원에서 놀림을 받는다고 하네요."

"네, 그렇군요. 그럼 다른 집은 알아보셨나요?"

"네, 알아봤지만…. 현재 저희 돈으로는 어림도 없어요."

결혼해서 가정을 이루고 아이를 낳고 그 아이가 '엄마', '아빠'라고 불러줄 때 비로소 나를 낳아주고 길러 주신 부모님을 이해하는 첫 단계가 아닌가 생각한다. 필자도 쉽지 않았던 내 집 마련의 과정에서 공공임대주택에 거주하면서 느꼈던 스트레스와 상처를 경험했기에 그분의 마음을 충분히 이해할 수 있었다.

"그냥 버리세요."

"네?"

"거기 살면서 얻는 것만 생각하고, 다른 생각은 버리세요. 그리고 다음 집을 조금 빨리 준비하면 됩니다."

필자가 말하는 그분의 다음 집은 공공분양주택을 말한 것이다. 즉 내 집 마련을 계획하고 준비하자고 했다. 다음 집에 대한 목표나 기대 없이 현재 집에서 계속 산다는 생각 때문에 지금이 힘든 거라고 설명했더니 눈을 크게 뜨며 정말 그렇다고 했다. 그리고 전반적인 공공임대주택의 인식과 편견이 바뀌는 것을 기대하지 말고 지금의 혜택만 생각하면서 내가 바뀌면 된다고 했다.

즉 쓸데없는 자존심은 과감히 버려야만 새로운 기회를 준비하고 잡을 수 있다. 그리고 '내' 아파트에 살고 있다는 이유로 아이에게 미안해하기보다 '네(남의)' 아파트에 살면서 아이뿐만 아니라 우리 가족 모두가 받을 경제적 어려움을 생각한다면 어떤 선택을 할지 결정하는 것은 어렵지 않을 것으로 생각한다.

🗨 집에 대한 의미를 다시 살펴야 할 때

과거 혐오 시설에 한정됐던 님비 현상이 최근에는 공공임대주택이나 대학 기숙사 등 공공시설에까지 광범위하게 퍼지고 있다고 한다.

통계청의 조사에 따르면 서울시 1인 청년가구 중 집에 화장실 등이 없어서 최저 주거 기준에 미달하거나 소득 대비 주거비 비율이 30%가 넘는 청년 주거 빈곤율은 전체 청년 가구의 40%인 것으로 나타났다. 오죽하면 이 세대 청년들의 집이 '지(반지하방), 옥(옥탑방), 고(고시원)'라고 불리고 있을 정도다.

정부와 지자체에서 청년계층의 주거 해결을 위한 '청년임대주택'을 주변 시세보다 저렴하게 공급하는 주거 정책을 발표했고 서울시 설문조사에도 응답자의 95%가 공공임대주택 필요하다는 사회적 공감대도 형성되는 분위기다.

하지만 정작 '우리 동네는 안 돼', '왜 하필 우리 지역이야' 등 지역 이기주의가 실제로 만연하다. 과거 행복주택 시범지구였던 양천구 목동, 강남구 수서역, 영등포구 당산동 등에서 지역 주민들 반발과 갈등으로 사업이 보류되거나 취소되는 경우도 있었다.

지역 주민들은 왜 반대할까? 물론 지역별로 저마다의 반대 이유가 있겠지만 공통적인 이유는 집값에 영향을 미치지는 않을까 하는 우려 때문이다. 내가 사는 집 근처에 시세보다 저렴한 임대아파트가 들어서면 지역이 '슬럼화'되어 집값이 하락한다는 것이다.

또한, 임대아파트가 들어서는 단지 인근에는 유명 브랜드의 아파트가 들어오지 않을 확률이 높다고 말한다. 이런 영향으로 결국 돈 있는 가구가 유입되지 않으면서 학군·상권 등에 좋지 못한 영향을 끼친다는 것이 반대하는 지역 주민들의 주장이다.

서울 영등포구에 위치한 한 아파트에 붙은 안내문(메트로 신문)

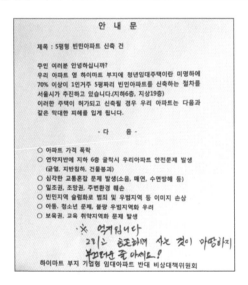

안 내 문

제목 : 5평형 빈민아파트 신축 건

주민 여러분 안녕하십니까?
우리 아파트 옆 하이마트 부지에 청년임대주택이란 미명하에 70% 이상이 1인거주 5평짜리 빈민아파트를 신축하는 절차를 서울시가 추진하고 있습니다.(지하6층, 지상19층) 이러한 주택이 허가되고 신축될 경우 우리 아파트는 다음과 같은 막대한 피해를 입게 됩니다.

- 다   음 -

○ 아파트 가격 폭락
○ 연약지반에 지하 6층 굴착시 우리아파트 안전문제 발생
  (균열, 지반침하, 건물붕괴)
○ 심각한 교통혼잡 문제 발생(소음, 매연, 수면방해 등)
○ 일조권, 조망권, 주변환경 훼손
○ 빈민지역 슬럼화로 범죄 및 우범지역 등 이미지 손상
○ 아동·청소년 문제, 불량 우범지역화 우려
○ 보육권, 교육 취약지역화 문제 발생

하이마트 부지 기업형 임대아파트 반대 비상대책위원회

이들의 주장처럼 정말 공공임대주택이 들어서면 주변 집값이 하락할까?

2017년 5월 '주택 학술연구'가 '행복주택이 인근 주택 가격에 미치는 영향'이라는 제목의 연구 논문을 발표했는데 공공임대주택

건설이 주변 집값을 떨어뜨릴 것이라는 우려를 뒤집는 결과가 나왔다. 서울에 공급된 행복주택 4개 단지(삼전·내곡·천왕·강일)를 조사한 결과, 행복주택이 입지한 경우 주변 아파트 가격이 외부 지역 아파트의 가격보다 상승했다.

그 이유는 행복주택 입주에 따른 기반시설이 공급되고 신혼부부나 청년계층 등 젊은 소비층이 유입되면 지역 상권이 활성화됐기 때문이다.

과거 박찬호 선수가 메이저리그에서 한창 공을 잘 던질 때는 경기장 그라운드 필드로 다녔는데, 마이너리그로 떨어졌을 때는 필드가 아닌 곳으로 멀리 돌아가라는 말을 코치에게 듣고 아주 서러웠다는 이야기를 들은 적이 있다.

집 때문에 결혼을 못하고, 집 때문에 어린아이들이 상처를 받는 일이 없어야 한다. 무엇보다 집을 무조건적인 재산 증식의 수단이나 투자 목적이 아닌 가정의 평안과 안정을 주는 거주의 관점으로 보아야 할 때라고 생각한다.

한 예로 싱가포르의 경우, 작은 국토 면적에 비해 많은 인구가 모여 사는 게 서울과 아주 비슷하다. 그러나 1인당 국민소득은 우리나라의 2배가 넘는 나라다. 그렇다면 집값은 어떨까?

싱가포르의 신규 아파트 분양가는 평균 3억 원 정도이고 자가 비율이 90%나 된다. 반면 서울은 신규 아파트 분양가가 평균 7억 원이 넘고 자가 비율은 42%에 불과하다. 비슷하지만 전혀 다른 주거 상황이 아닌가?

그 이유는 싱가포르의 전체 주택 중 공공주택이 차지하는 비율이 무려 80%이고 임대 방식보다 분양 방식으로 공급되며 민영아파트의 분양가 1/3에 불과하기 때문이다.

그리고 싱가포르의 공공주택은 지하철역과 연계한 교통이 편리한 곳에 주로 공급되고 가구원 수에 따라 다양한 평형을 공급하기 때문에 입주자의 주거 만족도가 매우 높다고 한다.

월세 100만 원 내면서 월 임대료 20만 원이 싫다고?

보통 주거비용 중 가장 아까워하는 것이 바로 월세다. 보증금처럼 돌려받을 수 있는 돈이 아닌 내고 나면 수중에서 영영 사라지는 돈이기 때문이다. 그러나 마땅한 전셋집이 없거나 보증금이 부족하다면 어쩔 수 없이 월세를 내기도 한다.

부동산 플랫폼 다방에서 조사한 자료에 따르면 서울시 기준으로 1인 가구가 평균 50만 원 정도의 월세를 지불하고 있다. 강남 등 도심의 오피스텔 경우는 월 100만 원이 넘는 곳도 많다고 한다.

사회초년생이나 미혼 직장인이 더 많은 돈을 모으지 못하는 이유 중 하나가 월세 때문이라고 필자는 생각한다.

집을 구하는 미혼 직장인이라면 보통 직장 인근이거나 출근이 용

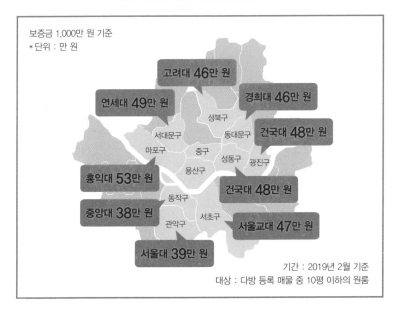

서울 주요 대학가 평균 월세 지도(다방)

보증금 1,000만 원 기준
*단위 : 만 원

고려대 46만 원
경희대 46만 원
연세대 49만 원
건국대 48만 원
홍익대 53만 원
건국대 48만 원
중앙대 38만 원
서울교대 47만 원
서울대 39만 원

성북구
서대문구
동대문구
마포구
중구
성동구
용산구
광진구
동작구
서초구
관악구

기간 : 2019년 2월 기준
대상 : 다방 등록 매물 중 10평 이하의 원룸

이한 지하철역 인근에 집을 구하려 하지만 너무 비싼 금액 때문에 더 멀리 외곽으로 가거나 울며 겨자 먹듯이 비싼 월세를 지불하게 된다. '너의 죄는 집이 지방인 죄, 회사가 비싼 땅에 있는 죄'라는 우스갯말이 공감을 사는 이유다.

1년 전 비싼 월세로 고민이었던 30대 초반 미혼 직장인을 상담했다. 강남에 위치하는 직장에 다니고 있는 그는 근처의 오피스텔에 거주하며 월세와 관리비 등을 포함해서 매달 85만 원가량의 주거비를 내고 있다고 했다. 그리고 이런 주거비가 부담스러워 필자를 찾아왔다.

필자는 그의 상황과 조건에 맞는 저렴한 공공주택을 추천했고 본인에게 적합한 지역과 지원 방법을 요목조목 설명했다.

"현재 무주택자이고 소득과 자산 기준에 충족하시네요. 오랫동안 납입한 청약통장도 있으니 당첨 가능성도 있겠어요."

"그런데 소장님, 저는 가급적 회사 근처였으면 좋겠는데요."

"아, 그쪽은 현재 공급되는 곳이 많지 않아서 다른 지역들도 함께 검토해야 할 것 같아요."

"그리고 소장님, 저는 LH 아파트나 임대아파트는 싫어요."

"아… 그렇군요. 임대아파트는 왜 싫으시죠?"

"썩 내키지 않아서요."

사무실로 돌아오는 내내 생각했다. '그럴 수 있겠다. 본인이 싫으면 싫은 거야.' 썩 내키지 않는다는 이유는 아무래도 임대아파트에 대한 선입견이 있기 때문이라는 생각이 들었다.

필자도 TV 프로그램에서 임대아파트에 대한 부실 공사나 따돌림 등 좋지 않은 내용을 많이 보아왔다. 물론 사실과 다른 내용도 많았지만 중요한 것은 아직도 사회적 편견이 많이 남아 있는 것이다.

하지만 선입견을 과감히 버린다면 얻는 것이 더 많다는 것을 그분은 왜 냉정하게 생각하지 못했을까?

그분에게 추천한 집은 지하철 2호선 라인이고 관악구에 위치한 아파트인데 보증금 1,400만 원에 월 임대료가 14만 원 정도인 너무 저렴한 재개발임대 공공주택이었다. 그리고 그분이 원한 것처럼

'○○푸르지오'라는 민간아파트 브랜드를 시용하고 있는 곳이기도 했다.

무엇보다 최장 10년간 이사 걱정 없이 거주가 가능하고 보증금 인상도 5% 이내로 제한되어 있어 살면서 보증금 인상에 대한 스트레스도 없을 것이다. 만약 당첨되고 입주하면 현재 오피스텔 월세 75만 원에서 무려 60만 원을 아낄 수 있고 또 그 돈을 10년간 모으면 큰 목돈이 자연스럽게 만들어지는 기회가 된다. 집에 대한 편견을 버리고 집에 대해 새로운 생각을 한다면 그 집은 나에게 행복 그 이상을 준다는 것을 알았으면 좋겠다.

🐷 대출 이자는 잘 내면서 월 임대료는 아깝다고?

결혼을 앞둔 예비 신혼부부가 본격적으로 분주해지는 시점이 바로 신혼집을 구할 때가 아닌가 싶다. 직장 위치나 부모님 집 위치를 고려한 지역을 볼 것이고 빌라나 다세대보다 아파트를 우선할 것이고 원룸보다는 투룸, 투룸보다는 거실이 따로 있는 20평대 이상을 선호할 것이다. 그리고 월세보다는 전세, 전세보다는 매매 또는 분양을 원한다.

하지만 필자가 만나본 예비 신혼부부의 경우는 비싼 집값에 구입은 생각도 못하고 월셋집은 매월 나가는 월세가 아깝기 때문에 대부분은 전셋집을 선호한다.

현재 전국 아파트 평균 전셋값은 2억 5천만 원 정도이고 서울은 3~4억 원 초반, 경기도는 2~3억 원 정도 한다고 하니 전셋집 구하는 것도 신혼부부에게는 부담스럽기는 마찬가지다. 사정이 이렇다 보니 예식장보다 반드시 먼저 들려야만 하는 곳이 은행이 아닌가 싶다. 그리고 부족한 보증금을 대출받고 원금과 이자를 매월 따박따박 지불하게 된다.

그런데 대출 이자는 잘 내면서 공공주택의 월 임대료는 아깝다고 생각하는 분들이 의외로 많았다.

"대출 이자는 잘 내면서 월 임대료는 왜 아까워하세요?"

"대출은 갚으면 결국 내 돈이 되는데 월 임대료는 그냥 없어지는 돈이니까요."

"혹시 대출 이자는 몇 퍼센트인가요?"

"4% 초반 정도 되는데요."

그리고 최초 대출받을 때 금리보다 지금 금리가 올라 이자 부담이 더 많아졌다고 한다. 현재(2018년) 추세라면 향후 금리가 최소한 떨어지지는 않을 것 같고 이자 부담은 더욱더 많아질 것으로 예상된다.

"지금 내는 이자보다 월 임대료가 더 저렴하다면 어떻게 하시겠어요?"

"그게 가능한가요?"

보통 공공임대주택의 보증금을 최대 또는 최소 전환하여 월 임대료를 입주자가 조정할 수 있다. 만약 입주자가 보증금을 높이기 위해 어렵게 대출을 받아 이자와 원금을 갚는 방법보다 대출을 받지 않고 그냥 월 임대료를 더 내는 것이 경우에 따라 유리할 수 있다.

국민임대주택 보증금 최대 전환 시 임대 조건 예시(LH공사)

지구 및 단지	신청 유형	기준 임대조건(원)		최대 전환시 임대조건(원)		임대보증금 추가납부 한도액(원)
		(최소) 임대보증금	월임대료	(최대) 임대보증금	월임대료	
항동지구2단지	59㎡	54,770,000	346,400	92,000,000	138,500	37,230,000
항동지구4단지	49㎡	53,510,000	322,400	88,160,000	128,900	34,650,000
	59㎡	60,750,000	364,500	99,920,000	145,800	39,170,000
마곡지구	49㎡	51,000,000 ~ 59,280,000	348,200 ~ 385,600	88,820,000 ~ 100,720,000	139,200 ~ 154,200	37,430,000 ~ 41,440,000
	59㎡	52,890,000 ~ 68,980,000	345,100 ~ 425,900	92,680,000 ~ 114,630,000	138,000 ~ 170,300	37,090,000 ~ 45,770,000
발산지구	49㎡	33,680,000 ~ 35,760,000	240,300 ~ 262,800	59,500,000 ~ 64,000,000	96,100 ~ 105,100	25,820,000 ~ 28,240,000
세곡지구	49㎡	42,300,000 ~ 45,650,000	313,600 ~ 337,300	76,000,000 ~ 81,890,000	125,400 ~ 134,900	33,700,000 ~ 36,250,000
신내3지구	49㎡	44,550,000 ~ 45,320,000	308,300 ~ 321,100	77,680,000 ~ 79,830,000	123,300 ~ 128,400	33,130,000 ~ 34,510,000
신정3지구(신정이펜하우스1~4단지)	49㎡	36,740,000 ~ 45,720,000	278,500 ~ 321,600	66,660,000 ~ 80,280,000	111,400 ~ 128,600	29,920,000 ~ 34,560,000
은평1지구	39㎡	27,360,000	200,800	48,940,000	80,300	21,580,000
	49㎡	42,100,000	252,400	69,230,000	100,900	27,130,000
은평2지구	39㎡	26,720,000 ~ 27,540,000	202,000 ~ 207,600	49,030,000 ~ 49,240,000	80,800 ~ 83,000	21,700,000 ~ 22,310,000
천왕지구(천왕이펜하우스1~6단지)	39㎡	26,360,000 ~ 32,530,000	229,000 ~ 263,200	50,960,000 ~ 60,820,000	91,600 ~ 105,200	24,600,000 ~ 28,290,000
	49㎡	40,070,000 ~ 45,030,000	298,300 ~ 320,700	72,120,000 ~ 78,710,000	119,300 ~ 128,200	32,050,000 ~ 34,470,000
천왕2지구	49㎡	49,860,000 ~ 56,750,000	317,700 ~ 341,700	84,010,000 ~ 93,480,000	127,000 ~ 136,600	34,150,000 ~ 36,730,000
항동지구3단지	49㎡	47,350,000	295,700	79,140,000	118,200	31,790,000
항동지구8단지	39㎡	34,740,000	247,700	61,370,000	99,000	26,630,000
	49㎡	51,580,000	314,800	85,410,000	125,900	33,830,000
	59㎡	60,900,000	363,600	99,980,000	145,400	39,080,000

하지만 국가나 지자체에서 지원하는 보증금 대출이라면 다를 수 있다. 일반 은행 이자보다 저렴하거나 무이자 지원도 있으니 이럴 경우는 대출을 받는 것이 더욱 유리하다.

결국 필자가 말하고 싶은 것은 대출받아서 갚는 것보다 대출을 안 받고 월 임대료를 조금 더 내는 것이 더 현명한 방법이 될 수 있다는 것이다.

Chapter 2

[공공임대]
생애 첫 집 구해볼까?

04
공공임대주택의 종류

    현재 집 때문에 고민이 많은 청년 1인 가구나 신혼부부, 그리고 일반 무주택자라면 공공임대주택으로 더는 집 고민을 안 해도 된다. 도심 지역 교통이 편리한 역세권에 공공임대주택을 공급하고 허름한 주택이 아닌 아파트나 오피스텔로 공급하고 무엇보다 주변 시세의 반값으로 아주 저렴하게 공급하기 때문이다. "아니 이런 곳에 이런 집이 정말 이 가격이야?"라고 외칠 만큼 놀랄 것이다.

    그렇다면 공공주택이란 무엇일까? 국가(LH공사)나 지자체(SH공사) 등에서 시세보다 아주 저렴하게 공급하는 집을 말한다. 1인 가구를 위한 원룸이나 투룸형부터 예비 신혼부부가 신혼집으로 선호하는 20평대 아파트, 그리고 30~40평대까지 다양한 평형으로 공급된다.

매달 나가는 월세를 줄이고 싶은 1인 가구나 저렴한 신혼집을 구하는 예비부부, 좀 더 넓고 편안한 집을 원하는 신혼부부에게 정말 좋은 기회이다. 공공임대주택으로 시작해서 공공분양주택으로 내 집 마련을 마무리할 수 있는 '생애주기별 내 집 마련 플랜'을 완성할 수 있는 유일무이한 방법이라고 필자는 말하고 싶다.

그러기 위해서는 무엇보다 개인마다 집이 필요한 이유와 목적에 따라 내게 맞는 공공임대주택을 찾고 신청 자격 등 조건 등을 확인해야 한다.

이 장에서는 공공임대주택의 종류와 특장점이 무엇인지에 대해 자세하게 설명하겠다. 그리고 이 책에서 설명하지 않은 다른 공공임대주택의 종류와 모집 공고는 LH공사(https://apply.lh.or.kr), SH공사(www.i-sh.co.kr), 경기도시공사(www.gico.or.kr), 마이홈 포털(www.myhome.go.kr)에서도 확인이 가능하다.

🔍 대학생, 사회초년생, 신혼부부의 주거 희망 _ '행복주택'

행복주택은 서민들의 주거 안정을 위해 정부가 주도적으로 공급해 온 공공임대주택의 한 종류다. 기존 공공임대주택과의 차별점은 입주계층과 입주 지역에 있다. 기존 공공임대주택이 다양한 사회적 배려 대상과 저소득층을 대상으로 했다면 행복주택은 대학생 청년계층, 신혼부부계층 등 1~2인 가구가 주 대상이다.

입주 지역도 차이가 크다. 기존 임대주택은 도심 외곽에 위치한 신도시 등에 집중되어 서울 및 대도시 일터로의 이동 거리가 길다는 단점이 있었다. 반면, 행복주택은 대중교통이 편리하거나 직장과 주거 근접성이 좋은 곳에 들어선다.

행복주택에는 주거 복지 혜택에서 소외되었던 청년계층과 신혼부부계층에게 80%를 공급하고 나머지 20%는 고령자 및 주거급여 수급자에게 공급한다. 행복주택은 규모, 지역 여건 등을 고려해서 국공립 어린이집, 작은 도서관 등 지역에서 필요한 다양한 주민 편의시설도 함께 설치되고 있다.

다만, 행복주택은 거주 기간에 제한이 있다. 대학생, 청년계층은 최장 6년, 신혼부부계층은 무자녀의 경우 6년, 자녀가 있는 경우는 최장 10년 거주할 수 있다. 고령자 및 주거급여 수급자의 경우 최장 20년간 거주할 수 있다. 대학생, 사회초년생이 거주 중 취업이나 결혼으로 사회초년생, 신혼부부 자격을 갖출 경우에는 최대 10년까지 거주할 수 있으며, 임대차 계약은 2년 단위로 갱신한다.

2019년 1차 상반기 SH공사 행복주택 공급 지역(SH공사)

[서대문구]
연희파크푸르지오(연희1)
DMC센트럴아이파크(남가좌1)
홍제센트럴아이파크(홍제2)

[마포구]
마포웨스트리버태영데시앙(마포창전1)
신촌숲아이파크(신수1)
마포자이3차(염리2)

[강북구]
꿈의숲효성해링턴플레이스(미아9-1)

[은평구]
백련산파크자이(응암3)
래미안베라힐즈(녹번1-2)

[성북구]
롯데캐슬골든힐스(길음3)
래미안길음센터피스(길음2)
래미안아트리치(석관2)

[동대문구]
휘경SK뷰(휘경2)
답십리파크자이(답십리14)

[중랑구]
신내 글로리움(신내동 640)
한양수자인사가정파크(면목1)

[강서구]
e편한세상염창(염창1)

[동작구]
e편한세상상도노빌리티(상도대림)
학수경로당(사당2동177-1)
아크로리버하임(흑석7)
롯데캐슬에듀포레(흑석8)

[관악구]
e편한세상서울대입구(봉천12-2)

[용산구]
롯데캐슬센터포레(효창5)

[영등포구]
신길뉴타운아이파크(신길14)

[강동구]
래미안영일역솔베뉴(삼익그린)
고덕그라시움(고덕2)
강일2 준주거1

[강남구]
디에이치아너힐즈(개포주공3단지)

[서초구]
래미안신반포리오센트(신반포)
방배아트자이(방배3)

행복주택은 대학생이나 청년계층, 신혼부부계층, 고령자, 주거급여 수급자를 대상으로 하기 때문에 보증금과 월 임대료를 내는 조건이며 주변 시세보다 60~80% 저렴하게 공급하고 보증금의 최대 80%까지 저리의 기금 대출이 가능하다. 예를 들어 중랑구 신내동의 신내 글로리움 청년계층 $36m^2$ 경우, 보증금 25,500,000원에 월 임대료가 319,000원이지만 보증금을 최대 전환할 경우 월 임대료를 117,000원까지 낮출 수 있다.

2019년 1차 상반기 행복주택 공급가 1(SH공사)

단지명	신청유형 (㎡)	신청자격별 공급호수					임대조건				전환구분	최대전환시 임대조건	
		신청자격		공급호수			임대보증금(천원)			월임대료 (원)		보증금 (천원)	임대료 (원)
				계	우선	일반	계	계약금 (20%)	잔금 (80%)				
신내 글로리움 [신내동 640] (중랑구 신내동)	36	대학생 계층		10	10	0	51,000	10,200	40,800	234,000	(+)	74,400	117,000
											(−)	25,500	319,000
		청년 계층	소득이 없는 청년	100	40	60	51,000	10,200	40,800	234,000	(+)	74,400	117,000
											(−)	25,500	319,000
			소득이 있는 청년				54,000	10,800	43,200	248,000	(+)	78,800	124,000
											(−)	27,000	338,000
		고령자		20	0	20	57,000	11,400	45,600	261,000	(+)	83,100	130,500
											(−)	28,500	356,000
		주거급여수급자		6	6	0	45,000	9,000	36,000	206,000	(+)	65,600	103,000
											(−)	22,500	281,000
	36S	고령자		4	4	0	57,000	11,400	45,600	261,000	(+)	83,100	130,500
											(−)	28,500	356,000
	44	신혼부부 계층		70	35	35	70,000	14,000	56,000	321,000	(+)	102,100	160,500
											(−)	35,000	437,600
	44S	고령자		19	19	0	66,500	13,300	53,200	305,000	(+)	97,000	152,500
											(−)	33,250	415,800
롯데캐슬 골든힐스 [길음3촉진구역] (성북구 길음동)	59	신혼부부 계층		40	20	20	88,500	17,700	70,800	376,000	(+)	126,100	188,000
											(−)	44,250	523,500
연희파크 푸르지오 [연희1] (서대문구 연희동)	59	신혼부부 계층		35	17	18	93,200	18,640	74,560	404,000	(+)	133,600	202,000
											(−)	46,600	559,300
DMC센트럴 아이파크 [남가좌1] (서대문구 남가좌동)	59	신혼부부 계층		30	6	24	94,800	18,960	75,840	411,000	(+)	135,900	205,500
											(−)	47,400	569,000
		고령자		17	17	0	90,000	18,000	72,000	390,000	(+)	129,000	195,000
											(−)	45,000	540,000
백련산파크 자이 [응암3] (은평구 응암동)	59	신혼부부 계층		4	4	0	86,000	17,200	68,800	351,000	(+)	121,100	175,500
											(−)	43,000	494,300
마포 웨스트리버 태영데시앙 [마포 창전1] (마포구 창전동)	59	신혼부부 계층		9	9	0	127,100	25,420	101,680	519,000	(+)	179,000	259,500
											(−)	63,550	730,800
신촌숲 아이파크 [신수1] (마포구 신수동)	59	신혼부부 계층		80	31	49	129,100	25,820	103,280	527,000	(+)	181,800	263,500
											(−)	64,550	742,100
		고령자		18	18	0	122,700	24,540	98,160	501,000	(+)	172,800	250,500
											(−)	61,350	705,500
e편한세상 염창 [염창1] (강서구 염창동)	51	신혼부부 계층		26	13	13	98,300	19,660	78,640	393,000	(+)	137,600	196,500
											(−)	49,150	556,800
		고령자		30	15	15	93,500	18,700	74,800	374,000	(+)	130,900	187,000
											(−)	46,750	529,800

2019년 1차 상반기 행복주택 공급가 2(SH공사)

단지명	신청유형(㎡)	신청자격별 공급호수				임대조건				전환구분	최대전환시 임대조건	
		신청자격	공급호수			임대보증금(천원)			월임대료(원)		보증금(천원)	임대료(원)
			계	우선	일반	계	계약금(20%)	잔금(80%)				
강일2준주거1 (강동구 강일동)	28	청년계층 소득이 없는 청년	49	24	25	27,572	5,514	22,058	180,000	(+)	34,770	144,000
										(-)	22,050	198,400
		소득이 있는 청년				29,194	5,838	23,356	190,000	(+)	36,790	152,000
										(-)	23,350	209,400
	28S	고령자	12	12	0	30,816	6,163	24,653	201,000	(+)	38,850	160,800
										(-)	24,650	221,500
	38	신혼부부 계층	46	23	23	42,415	8,483	33,932	277,000	(+)	53,490	221,600
										(-)	33,930	305,200
		고령자	12	0	12	40,294	8,058	32,236	263,000	(+)	50,810	210,400
										(-)	32,230	289,800
학수복합 (동작구 사당동)	20	대학생 계층	7	7	0	43,828	8,765	35,063	153,400	(+)	49,960	122,700
										(-)	35,060	182,600
래미안 길음센터피스 [길음2촉진구역] (성북구 길음동)	33	청년계층 소득이 없는 청년	25	12	13	58,130	11,626	46,504	208,300	(+)	66,470	166,600
										(-)	46,500	247,000
		소득이 있는 청년				61,562	12,312	49,250	220,600	(+)	70,400	176,400
										(-)	49,240	261,600
래미안 아트리치 [석관2] (성북구 석관동)	39	신혼부부 계층	48	24	24	77,972	15,594	62,378	279,400	(+)	89,150	223,500
										(-)	62,370	331,400
홍제센트럴아이파크 [홍제2] (서대문구 홍제동)	34	청년계층 소득이 없는 청년	52	26	26	67,142	13,428	53,714	235,000	(+)	76,540	188,000
										(-)	53,710	279,700
		소득이 있는 청년				71,114	14,222	56,892	248,900	(+)	81,070	199,100
										(-)	56,890	296,300
래미안 베라힐즈 [녹번1-2] (은평구 녹번동)	38	청년계층 소득이 없는 청년	30	15	15	65,714	13,142	52,572	230,000	(+)	74,910	184,000
										(-)	52,570	273,800
		소득이 있는 청년				69,600	13,920	55,680	243,600	(+)	79,360	194,800
										(-)	55,680	290,000
		신혼부부 계층	56	0	56	77,314	15,462	61,852	270,600	(+)	88,150	216,400
										(-)	61,850	322,100
		고령자	14	14	0	73,457	14,691	58,766	257,100	(+)	83,750	205,600
										(-)	58,760	306,800
	43	신혼부부 계층	33	33	0	88,000	17,600	70,400	308,000	(+)	100,320	246,400
										(-)	70,400	366,600
마포자이3차 [염리2] (마포구 염리동)	34	청년계층 소득이 없는 청년	28	14	14	80,542	16,108	64,434	281,900	(+)	91,820	225,500
										(-)	64,430	335,600
		소득이 있는 청년				85,285	17,057	68,228	298,500	(+)	97,220	238,800
										(-)	68,220	355,300
아크로리버하임 [흑석7] (동작구 흑석동)	39	신혼부부 계층	7	7	0	105,571	21,114	84,457	369,500	(+)	120,350	295,600
										(-)	84,450	439,900
롯데캐슬 에듀포레 [흑석8] (동작구 흑석동)	39	고령자	7	0	7	96,685	19,337	77,348	338,400	(+)	110,220	270,700
										(-)	77,340	402,800

또한 행복주택은 건설형과 재건축매입형으로 나뉜다. 건설형은 LH공사나 SH공사가 주관하여 공급하지만 재건축매입형은 재건축

시 전체 물량 중 일정 물량을 행복주택으로 공급하게 되는 경우이다. 그렇기 때문에 건설형보다 다소 임대료가 높을 수 있다. 하지만 다소 높은 임대료라고 하더라도 주변 시세보다는 매우 저렴하다.

행복주택 건설형과 재건축매입형 비교(SH공사)

지방 대학을 졸업하고 서울에 취업한 지 3년이 지난 어느 사회초년생의 행복주택 당첨 사례이다. 20대 중반의 웹디자이너로, 혼자 사는 청년 1인 가구였다. 당시 경기도 성남시 빌라 원룸에 거주하고 있었는데 직장은 서울시 송파구에 있었다.

업무 특성상 야근이 잦아 퇴근 이후 막차 버스를 놓치면 어쩔 수 없이 택시를 탄다고 했다. 한 번 택시를 타면 송파에서 성남까지 택시 요금이 대략 2만 원 정도가 나오고, 일주일에 2, 3회 정도 택시를 이용하면 한 달에 15만 원에서 많게는 20만 원 정도가 택시비로 나가는 것이 고민이었다.

그렇다고 회사 근처에 집을 마련하자니 월세가 비싸서 엄두도 내지 못하는 상황이었다. 지금 사는 곳의 보증금이 5천만 원에 월세가 30만 원인 것도 부담스러운데, 월세가 최소 월 50~60만 원 이상인 송파에 집을 구하는 것은 더욱이 꿈도 꾸지 못할 일이었다. 만약 이분이 회사 근처에 거주할 수 있는 집이 있다면 얼마나 좋을까?

"혹시 행복주택을 아세요?"

"얼핏 광고로 봤어요. 그런데 제가 해당할까요?"

행복주택뿐만 아니라 다른 공공주택을 들어봤거나 관심 있는 사람들이 과거보다 훨씬 많아진 것은 사실이다. 그런데 좋은 건 알겠지만 본인이 해당 조건이 되는지, 내가 당첨될 수 있는지에 대한 의구심 또한 많아졌다.

"업무경력 5년 이내의 사회 초년생이고 소득 80% 구간(월 4,321,451원) 이하 조건과 자산(23,200만 원) 조건에 전혀 문제가 없네요. 청약통장도 미납 없이 3년 36회 납입했기 때문에 최고 점수를 받으실 수 있겠어요. 무엇보다 희망하는 지역에 직장이 있기 때문에 우선공급 대상자도 됩니다."

행복주택은 일반공급 조건보다 우선공급 조건이 당첨에 훨씬 유리하다.

몇 개월 후 SH서울주택공사의 행복주택 모집 공고가 나왔고, 그는 청년계층 우선공급자로 신청했다. 그리고 얼마 후 서류 심사 대상자로 선정되었고 연락이 왔다. 필요한 서류를 빠짐없이 잘 준비해서 접수했고 한 달 후 최종 당첨자로 선정되었다는 통보를 받게 되었다.

"소장님 너무 감사해요. 제가 진짜 당첨될 줄은 몰랐어요. 이제 밤늦게 택시 타지 않아도 되겠어요."

당첨된 곳은 서울시 송파구 거여동 '거여리본타운'이라는 곳이다. 5호선 거여역에서 도보 5분 이내의 역세권 단지였다. 회사가 위치하는 오금역과 두 정거장 정도 떨어져 있지만 출근할 때는 운동삼아 걸어가는데 그렇게 좋을 수가 없다고 했다.

보증금 5,220만 원에 월 임대료 17만 원도 매우 저렴하지만 기금 대출을 받아 보증금을 6,920만 원으로 올리고 월 임대료를 85,000원으로 낮추어 입주하였다. 이전에 거주하던 집은 다세대주택의 원룸인 것에 비해 신축 아파트에 첫 입주를 한다는 것이 믿기 어려울 정도로 좋다고 했다.

또한, 매월 평균 15~20만 원 정도 나가는 택시비와 전에 내던 월세에서 20만 원 정도 아끼게 되니 매월 40만 원 정도의 추가 저축이 가능해졌다고 했다. 이처럼 사회초년생이나 청년들이 집 걱정 없이 살 수 있고 미래에 대한 희망을 가질 수 있도록 돕는 것이 바로 행복주택인 것이다.

🔍 보증금 2~3천만 원으로 아파트 입주 _ '재개발임대주택'

재개발임대주택은 재개발로 인해 신축 아파트가 들어서는 경우, 일부 세대를 임대아파트로 공급하고 철거 세입자에게 우선 공급한 후 저소득계층의 주거 안정을 위해 임대주택으로 공급하는 것이다. 이를 '재개발임대주택(잔여 공가) 일반공급'이라고 부른다.

앞서 설명한 행복주택은 현재 대학생계층, 청년계층, 신혼부부계층, 고령자, 주거급여 수급자가 아니면 신청할 수 없지만, 재개발임대주택은 행복주택 신청 대상자뿐만 아니라 나이가 만 39세가 넘더라도 서울시에 거주하는 무주택 세대 구성원이라면 신청이 가능하다.

재개발임대주택의 특징은 택지 개발지구에서 공급되는 방식이 아닌 도심 내 재개발되는 아파트라서 교통이나 주변 인프라 시설이 이미 잘 구축된 것이 특징이다. 또한, 평균 보증금이 1천만 원에서 3천만 원 정도이고, 평균 임대료는 월 20만 원 내외로 주변 시세에 비해 매우 저렴한 것이 큰 장점이다.

또한, 보증금을 최대 전환하게 되면 기존 월 임대료를 60%까지 낮출 수 있다. 2년 단위로 재계약이 가능하고 5% 이내로 보증금 인상이 제한되어 있는 데다가 최장 10년간 거주할 수 있는 주택이다. 또한, 재개발되는 방식이라 건설 회사의 브랜드가 그대로 사용된다.

그렇다면 재개발임대주택에 지원이 가능한 저소득의 기준을 알아보자. 저소득의 기준은 '도시근로자 월평균 소득기준표'의 70%(2018년 3인 이하 기준 월 3,781,270원) 구간을 말한다. 그 외 서울시 거주 무주택 세대 구성원 자격과 총자산 28,000만 원 이하 조건과 자동차가액이 2,499만 원 이하 조건도 함께 충족되어야 신청 자격이 된다.

평소 친구나 직장 동료와 공공주택 이야기를 많이 나눈다는 30대 중반 미혼 여성분이 공공주택 강연에 왔다. 그분은 평소 본인보다 공공주택에 관심이 더 많고 직접 신청도 해봤다는 친구가 "넌 안돼"라는 말을 자주 했다고 한다.

"친구가 왜 본인에게 당첨이 안 될 거라고 했을까요?"

"잘 모르겠지만 미혼 1인 가구라서 그런 것 같아요."

"혹시 25평이나 30평대 방 2~3개인 비교적 큰 평수의 집을 원하세요?"

"아니요. 혼자 사니까 투룸 정도면 아주 만족해요."

"그럼 그 친구가 잘못 알려준 것 같네요."

물론 친구의 말처럼 결혼하고 자녀도 있고 부모님 등 부양가족이 많으면 당첨에 유리한 것은 사실이다. 하지만 모든 공공주택이 부양가족 수가 많다고 유리한 것은 아니다.

공공주택에 당첨을 희망하는 분들은 원하는 지역이 모두 다르고 분양이나 임대 등 지원하는 방식도 다르다. 하지만 평수만큼은 대부분 큰 평수를 희망한다. 결혼을 했든, 부모와 함께 살든 3인 이상의 가구라면 최소한 방 2개와 독립 거실이 있는 20평대를 선호한다. 설사 원룸이나 투룸에 당첨이 되더라도 입주를 포기하기 때문에 소형 평수를 희망하는 1인 거주자에게는 오히려 기회가 많을 수밖에 없다.

"어떤 일을 하세요?"

"동대문에 있는 회사에 다녀요."

"아무래도 회사 근처에 있는 집이면 좋고, 아파트라면 더 좋으시죠?"

"네, 정말 좋아요."

이분이 희망하는 동대문구 지역에는 국민임대주택이나 장기전세주택 등 공사가 건설해서 공급하는 공공주택은 없다. 하지만 동대문구 지역은 재개발임대주택이 특히 많이 공급되는 지역이기도 했다.

재개발임대주택 임대료 예시(SH공사)

지역	단지명	유형(㎡)	보증금(천 원)	월임대료(원)	입주
강동구	천호삼성	32	9,620	93,000	1997
	천호태영	32	12,060	151,000	2000
강북구	꿈의숲 롯데캐슬	39	26,510	151,500	2017
	래미안트리베라1차	44	30,195	305,200	2010
관악구	관악드림타운	32	10,820	149,700	2001
	관악푸르지오	32	14,210	140,100	2004
광진구	래미안프리미어팰리스	59	37,370	233,700	2017
구로구	고척벽산블루밍	35	23,210	214,400	2010
금천구	관악벽산타운	32	9,880	136,000	1998
노원구	상계불암대림	33	12,520	145,200	1999
	양지대림1	30	9,570	135,900	1999
동대문구	답십리대우	29	10,230	150,000	2001
	래미안크래시티	35	26,820	190,300	2013
동작구	래미안트윈파크	35	26,410	156,200	2012
	상도래미안1차	30	14,100	171,400	2002
마포구	공덕2삼성	33	13,230	166,500	2002
	공덕자이	36	35,990	199,900	2015
서대문구	북한산더샵	34	23,070	133,300	2018
	DMC래미안e편한세상	39	27,990	180,000	2012
서초구	방배SH-ville	29	21,150	196,100	2005
성동구	왕십리자이아파트	38	30,520	160,800	2017
	서울숲2차푸르지오	30	23,880	142,500	2012
성북구	보문e편한세상	31	31,340	162,400	2014
	장위2구역	40	27,800	161,100	2017
양천구	신정뉴타운 롯데캐슬	36	30,590	181,000	2014
영등포구	대림아크로 타워스퀘어	26	17,040	97,600	2017
용산구	용산 e편한세상	33	24,780	203,500	2011
은평구	백련산 힐스테이트2차	30	21,110	138,700	2012
종로구	경희궁자이	42	56,610	191,600	2017
중구	서울역센트럴자이	39	34,700	149,500	2017

당첨자 선정 기준은 소득 50%(3인 기준 월 2,700,907원)를 우선하고 가점이 높은 순으로 당첨되는 조건이다. 가점 기준은 나이, 부양가족 수, 서울시 거주 기간, 미성년 자녀 수, 청약통장 납입 횟수, 중소기업(제조업) 근로자, 사회취약계층 등 각 항목 1~4점을 더하게 된다. 아래 표는 재개발임대주택 가점표이다.

재개발임대주택 가점표(SH공사)

구분	3점	2점	1점
① 신청자 나이(만나이 기준)	50세 이상	40세 이상 50세 미만	30세 이상 40세 미만
② 부양가족 수(태아수 포함, 신청자 제외)	3인 이상	2인	1인
③ 서울특별시 연속거주기간(만19세 이후)	5년 이상	3년 이상 5년 미만	1년 이상 3년 미만
④ 만65세 이상의 직계존속(배우자의 직계존속 포함)을 1년 이상 부양하고 있는 경우 : 3점 ※ 피부양자(노부모) 및 피부양자의 배우자(무주택 세대 구성원에 포함되지 않는 피부양자 및 피부양자의 배우자 포함)도 무주택이어야 함.			
⑤ 미성년(만19세 미만)자녀(태아수 포함)의 수	3자녀 이상	2자녀	
⑥ 주택청약종합저축 납입 횟수 ※입주자모집공고일 현재 납입 인정회차	60회 이상	48회 이상 60회 미만	36회 이상 48회 미만
⑦ 「중소기업기본법」 제2조 제1항의 규정에 의한 중소기업 중 제조업체에 종사하는 근로자(임원 제외) : 3점			
⑧ 「건설근로자의고용개선등에관한법률」 제11조에 따른 피공제자 중 1년(252일) 이상 공제부금이 적립된 자 : 3점			
⑨ 사회취약계층에 속한 자 : 4점 (세부내용은 아래의 ※ 사회취약계층 가점내용 참조)			

앞서 이 여성분은 부양가족 수나 미성년 자녀 수에는 가점이 없었지만 청약통장을 60회 이상 납입했고 5년 이상 서울시에 거주해서 최고점을 받았다. 또한, 중소기업 제조업에 근무하는 근로자라 추가 점수를 받은 것이 당첨에 결정적인 이유가 되었다.

재개발임대주택 가점표 활용 예시(SH공사)

구분	3점	2점	1점
① 신청자 나이(만나이 기준)	50세 이상	40세 이상 50세 미만	30세 이상 40세 미만
② 부양가족 수(태아수 포함, 신청자 제외)	3인 이상	2인	1인
③ 서울특별시 연속거주기간(만19세 이후)	5년 이상	3년 이상 5년 미만	1년 이상 3년 미만
④ 만65세 이상의 직계존속(배우자의 직계존속 포함)을 1년 이상 부양하고 있는 경우 : 3점 ※ 피부양자(노부모) 및 피부양자의 배우자(무주택 세대 구성원에 포함되지 않는 피부양자 및 피부양자의 배우자 포함)도 무주택이어야 함.			
⑤ 미성년(만19세 미만)자녀(태아수 포함)의 수	3자녀 이상	2자녀	
⑥ 주택청약종합저축 납입 횟수 ※입주자모집공고일 현재 납입 인정회차	60회 이상	48회 이상 60회 미만	36회 이상 48회 미만
⑦ 「중소기업기본법」 제2조 제1항의 규정에 의한 중소기업 중 제조업체에 종사하는 근로자(임원 제외) : 3점			
⑧ 「건설근로자의고용개선등에관한법률」 제11조에 따른 피공제자 중 1년(252일) 이상 공제부금이 적립된 자 : 3점			
⑨ 사회취약계층에 속한 자 : 4점 (세부내용은 아래의 ※ 사회취약계층 가점내용 참조)			

① 1 ② 3 ⑥ 3 ⑦ 3 = 총10점

이 여성이 당첨된 재개발임대주택은 동대문구 답십리에 있는 '래미안 ○○' 36㎡ 투룸형이었다. 보증금은 최대 전환 시 4천 6백만 원이고, 월 임대료 9만 원이었다.

"사실 당첨 소식을 소장님보다 그 친구한테 먼저 알려줬어요."

"뭐라고 하던가요?"

"어떻게 당첨이 됐냐며 오히려 저한테 물어보던데요."

공공주택 당첨이라는 것이 결코 쉬운 일은 아닌 것은 맞지만, 그렇다고 불가능한 것이 아니라는 것을 이분은 가까운 친구에게 증명했다.

본인에게 유리한 조건과 상황을 최대한 활용하고 신청 전략을 어떻게 계획하느냐에 따라 얼마든지 당첨될 수 있다고 본다. 만약 이분이 친구 말대로 '그래, 나는 안 될 거야'라고 생각하고 넘겼다면 지금의 집은 없었을 것이다.

혼자 사는 미혼 1인 가구라도 조건에 따라 준비하면 얼마든지 당첨될 수 있고 이후 결혼하더라도 경우에 따라 일정 기간 신혼집으로 살 수 있다. 물론 재개발임대주택에 거주하는 동안은 가급적 혼인 신고는 서둘지 않으면 좋다. 그 이유는 혼인 신고를 할 경우 소득이 초과되어 퇴거 대상이 될 가능성이 높기 때문이다.

🚇 지하철역 근처에 집 구해볼까?
_ '역세권2030청년주택'

'역세권2030청년주택'은 서울시가 한시적으로 역세권 민간 토지에 용도 지역 상향, 절차 간소화, 세제 혜택 등을 지원하여 협력해 역세권에 건설·공급하는 공공임대주택이다.

또한, 청년계층과 신혼부부계층에게 안정적인 주거 서비스를 제공하고 우선 입주할 수 있도록 한 공공임대주택이다. 역세권2030청년주택은 서울 지역 지하철 근처에 공급하는 것이 가장 특징이며, 저렴한 보증금과 월 임대료를 낸다. 월 임대료는 공공임대형 경우는 10만 원대, 민간임대형은 20~40만 원대로 서울 지역 역세권 일반 오피스텔 평균 월세 80~100만 원보다 매우 저렴하다.

"내 집 마련? 가능이나 한가요?"

"저는 벌써 포기했습니다."

일명 'N포세대'는 포기할 게 너무도 많은 우리나라 청년을 두고 하는 말이다. 그중 내 집 마련은 청년들의 포기 1순위라고 해도 과언이 아닐 것이다. 청년들이 당장 살 곳을 구하는 것도 힘들고 어려운데 어떻게 미래의 내 집 마련을 꿈 꿀 수 있을까?

이런 청년들의 주거 안정을 위해 공급하는 '역세권2030청년주택'은 청년의 통학 및 출근이 용이한 역세권에 청년임대주택을 공급할 수 있도록 공공과 민간이 협력해서 공급하는 주택이다. 현재 도심에 새로 주택을 공급할 토지가 부족하고 가격이 너무 높아 공공재정으로는 감당하기 어려운 상황 때문에 민간에게 규제 완화와 각종 세제 혜택을 제공하여 청년에게 임대주택을 공급하는 방식이다. 공공과 민간이 일종의 거래를 하는 셈이다.

서울시 발표에 의하면 2022년까지 총 8만 호를 공급하기로 했으며 2018년 12월 기준으로 총 72개 지역을 선정했다. 이 중 24개 지역은 관리 계획 결정 고시 인가가 완료되었고 이 중 5개 지역은 현재 건축 공사가 진행되고 있다. 빠르면 2019년 6월, 첫 입주자 모집이 시작된다. 그 외 지역은 사업 준비 중에 있다고 한다.

여기서 주목해야 할 점은 바로 '역세권'이라는 것이다. 시범지구로 선정되어 이미 공사가 진행 중인 곳의 위치를 보면 정말 '엎어지면 코 닿는다'라는 말처럼 지하철역과 가깝다.

신청 대상은 만 19세 이상부터 만 39세 이하 무주택 청년과 혼인 7년 이내 신혼부부, 예비 신혼부부가 대상이다. 다만, 청년과 신혼부부 모두 차량을 소유하지 않은 조건과 소유하더라도 미운행자로 제한된다. 또한, 소득 기준은 순위별로 다르지만 최저 70% 이하에서 최대 120% 이하까지 신청 가능하다. 일반공급의 경우는 소득 기준이 없고, 추첨을 통해 입주자를 선정한다.

그럼 지금부터 시범지구로 선정된 몇 곳의 위치를 확인해보자.

'역세권2030청년주택' 입주자 모집 공고 예정일

위치	인접역	건립호수(공공/민간임대)	입주자 모집	준공 및 입주
광진구 구의동 586-64	강변역	74(15/59)	2019년 6월	2019년 12월
서대문구 충정로 3가 72-1	충정로역	499(49/450)	2019년 6~7월	2020년 1월
성동구 용답동 233-1	장한평역	170(22/148)	2019년 9월	2020년 2월
마포구 서교동 395-43	합정역	913(162/751)	2019년 9월	2020년 3월
강서구 화곡동 401-1	화곡역	57(9/48)	2019년 12월	2020년 6월

광진구 강변역(SH공사)

[광진구 구의동 강변역] 74세대

서대문구 충정로역(SH공사)

[서대문구 충정로3가 충정로역] 523세대

성동구 장한평역(SH공사)

[성동구 용답동 장한평역] 170세대

마포구 합정역(SH공사)

[마포구 서교동 합정역] 1,121세대

강서구 등촌역(SH공사)

[강서구 염창동 등촌역] 520세대

강남구 신논현역(SH공사)

[강남구 신논현역] 317세대

용산구 삼각지역(SH공사)

[용산구 한강로2가 삼각지역] 1,916세대

송파구 잠실새내역(SH공사)

[송파구 잠실새내역] 299세대

강동구 천호역(SH공사)

[강동구 천호역] 223세대

"회사 근처라면 정말 좋겠지만, 지하철역 인근이면 어디든 상관 없어요."

필자가 만난 청년세대나 1인 가구가 바라는 집은 아파트나 전망 좋은 집이 아닌 그냥 '지하철역 인근'의 집이었다. 굳이 회사 근처가 아니더라도 서울 지하철이 잘되어 있으니 출퇴근에 큰 불편함이 없다고 했다. 집이 얼마나 절실한지 잘 알 수 있었다. 정말 계획대로만 주택이 공급된다면 현시대 청년들에게 집이 희망이 될 수 있다는 걸 알려줄 계기가 되리라 생각한다.

하지만 '역세권2030청년주택'에 입주를 희망한다면 반드시 알아야 할 사항이 있다.

먼저 임대 거주 기간이 8년까지라는 점이다. 8년 동안은 임대주택으로 유지되고, 8년 이후에는 민간사업자가 분양 전환할 수 있다. 즉 8년 거주 이후 입주자는 현재로서는 퇴거해야 한다. 서울시와 민간사업자가 임대 기간을 8년이 아닌 12년으로 늘리기 위한 협의를 진행하고 있지만 아직 확정된 사항은 아니다.

만일 임대 기간이 8년이고 더 이상 거주를 못하는 상황이 발생할 수 있다고 하자. 입주자 입장에서는 아쉽기도 하고 항변이라도 하고 싶은 마음이 클 것이다. 하지만 8년 동안 시세보다 저렴하게 거주하면서 다른 공공주택에 입주할 준비를 하면 된다는 것이 필자의 변함없는 생각이다.

Chapter 1에서 설명한 '생애주기별 내 집 마련 플랜'에 따라 그때그때 나의 상황과 조건에 맞는 공공주택으로 갈아타는 전략이 꼭 필요하다.

🏠 부족한 보증금은 국가가 내준다
_ '전세임대주택', '장기안심주택'

전세임대주택과 장기안심주택은 집주인이 있는 일반 전·월셋집을 구할 때 세입자가 전액 부담해야 하는 보증금의 일부를 국가나 지자체에서 지원하는 방식이다.

예를 들어 내가 가진 자금은 5천만 원인데 알아본 집의 보증금이 1억 원이라면 5천만 원은 세입자가 대출을 받아서라도 집주인에게 줘야 한다. 아니면 5천만 원에 대한 월세를 지불해야 하는 것이 일반적이다. 만일 5천만 원을 대출받았다면 은행에 이자와 원금을 매달 갚아야 한다. 이처럼 보증금이 부족하여 대출 또는 월세를 내야 하는 경우라면 전세임대주택이나 장기안심주택을 활용하는 것이 좋다.

우선 지원 대상 주택은 단독주택, 다가구, 다세대, 연립주택, 아파트, 오피스텔 등이지만, 오피스텔의 경우는 바닥 난방 및 취사 시설과 화장실을 구비한 주거용 오피스텔이 해당한다. 또한, 전용 $85m^2$ 이하 규모의 주택만 지원하는데 신청자가 1인 가구이면 $60m^2$ 이하 주택까지 지원한다.

구하는 집의 보증금 한도가 있는데 전세임대주택의 경우는 2억 2,500만 원 이내이지만 신혼부부의 경우는 보증금이 최대 3억 원에서 6억 원 이하의 주택까지 가능하다. 장기안심주택의 경우는 보증금이 2억 9,000만 원 이하가 조건이고 2인 이상 가구는 3억 8,000만 원 이하의 주택까지 지원한다.

지원해주는 보증금 한도와 이자가 어떻게 되는지 궁금할 것이다. 전세임대주택의 경우 최대 9,000만 원까지 지원하고 신혼부부는 1억 2,000만 원에서 최대 2억 4,000만 원까지 지원한다. 금리는 지원하는 금액에 따라 최저 1%에서 최대 2%까지 저금리로 지원한다.

전세임대주택 보증금 지원 내용(SH공사)

보증금지원		
기존주택 : 호당 9,000만 원 (수급자, 한부모가족 중 미성년 자녀가 3명 이상일 경우 10,000만 원)		
신혼부부 I : 호당 1억 2,000만 원		
신혼부부 II : 호당 2억 4,000만 원		
호당 지원기준금액의 96% 이내 입주대상자의 지원 신청 금액(신혼부부 II : 80% 이내) • 기존주택 : 최대 8,550만 원 (다자녀가정 최대 9,500만 원) • 신혼부부 I : 최대 1억 2,000만 원, 신혼부부 II : 최대 2억 4,000만 원		
지원금 규모	4천만 원 이하	4천만 원 초과 ~ 6천만 원 이하	6천만 원 초과
지원 금리	연 1.0%	연 1.5%	연 2.0%

장기안심주택의 경우 전세 보증금의 30%까지 최대 4,500만 원까지 지원하고, 신혼부부는 최대 6,000만 원까지 지원해준다. 지원 한도 금액으로 보면 전세임대주택보다 적지만 무이자로 지원하는 것

이 차별점이다.

장기안심주택 보증금지원 내용(SH공사)

구분		전세	보증부월세
대상 주택	면적	전용면적 60㎡ 이하 (2인 이상 가구는 전용면적 85㎡ 이하)	
	보증금 등	전세보증금 2억 9천만 원 이하 (2인 이상 가구는 전세보증금 3억 8천만 원 이하)	기본보증금+전세전환보증금의 합계가 2억 9천만 원 이하 (2인 이상 가구는 보증금 합계가 3억 8천만 원 이하)
지원 금액		전세보증금의 30% (최대 4천 5백만 원) (신혼부부 특별공급 : 최대 6천만 원)	기본보증금의 30% (최대 4천 5백만 원) (신혼부부 특별공급 : 최대 6천만 원)
		* 1억 원 이하 보증금은 50% 지원 (단, 최대 4천 5백만 원까지)	

만일 전세임대주택을 통해 보증금을 지원받았다면 지원받은 금액에 따른 이자만 LH공사나 SH공사에 지불하면 되는데 가령 임대보증금이 9,000만 원이고 공사에서 9,000만 원을 지원받는다면 입주자 부담금 5%인 450만 원을 제외한 8,550만 원을 받게 되고 연 2%의 이자를 적용하면 매월 142,500원을 지원받은 공사에 납입하면 된다. 또한, 월세 주택도 비슷한 조건으로 지원해준다. 장기안심주택은 앞서 말한 것처럼 무이자 조건이기 때문에 따로 지불하는 이자가 없다.

전세임대주택 보증금 지원 이자 산정 방식(SH공사)

지원이자 산정
(예시 1) 전세계약 : 임대보증금 9,000만 원인 경우 • 지원액 : 9,000만 원 x 95% = 8,550만 원 • 입주자 부담금 : 450만 원 • 지원 이자 : 지원액 x 2%(연) ÷ 12개월   = (9,000만 원 − 450만 원) x 2% ÷ 12 = 142,500원

(예시 2) 보증부월세계약 : 임대보증금 9,000만 원 월세 10만 원인 경우
• 지원액 : 9,000만 원 − (기본보증금 450만 원 + 1년치 월세보증금 120만 원)
  = 8,430만 원
• 입주자 부담금 : 570만 원
• 지원 이자 : 지원액 x 2%(연) ÷ 12개월
  = (9,000만 원 − 570만 원) x 2% ÷ 12 = 140,500원

신청 자격은 공통적으로 무주택 세대 구성원과 소득 및 자산 기준이 있지만 수급자 및 보호대상 한부모가정 등 저소득 사회취약계층을 우선 지원하고 소득 100% 이하(3인 기준 월 5,401,814원)인 자에게도 지원한다. 신혼부부의 경우는 혼인 7년 이내 조건이 있고, 소득 기준은 최대 100% 이하(맞벌이 120% 이하)까지 지원할 수 있다. 단, 장기안심주택은 서울시 거주자에게만 지원된다. 또한, 신청 자격과 신청 방법이 조금씩 다르기 때문에 신청자는 LH공사나 SH공사의 홈페이지에서 공고문을 반드시 확인하고 신청하는 것이 좋다.

전세임대주택과 장기안심주택은 일반주택 세입자의 부족한 보증금을 지원하는 제도로 공공주택 당첨과 입주를 준비하는 기간 동안 우선 활용하는 것도 좋은 전략이다.

🔍 전세금 1억 원대로 서울 59㎡ 아파트 입주
_ '장기전세주택(시프트)'

'시프트(shift)'라고도 불리며 서울시 무주택자를 대상으로 최장 20년
까지 거주 가능한 장기전세주택이다. 설계·시공·마감을 일반분양주
택과 동일한 조건으로 건설하여 품질 또한 좋다. 매월 임대료를 내는
불편함이 없으며 주택임대차보호법에 따라 보증금이 안전하다. 전세
금 인상도 5% 이내로 엄격히 제한되어 있어 전세금 인상에 대한 부
담이 적다.

서울 지역 일반 아파트 평균 전세가는 3~4억 원대인 것에 비해
장기전세주택의 59㎡ 서울 평균 보증금은 1억 원 중반이고, 강남
지역 평균 보증금은 3억 원 중후반대로 시세 대비 40~50% 정도 저
렴하다. 월 임대료가 없다는 것이 특징이다.

"아~ 옛날이여."

장기전세주택에 입주를 희망하는 분들이 요즘 들어 하는 말이 아
닐까 생각한다. '20년간 내 집처럼', '사는 것이 아닌 사는 곳'이라는
슬로건으로, SH공사가 중산층 무주택자 서울 시민을 위해 아주 저
렴한 금액으로 최장 20년간 거주할 수 있도록 공급한 것이 장기전
세주택이다.

33차~36차 모집 공고 기준 장기전세 공급가(SH공사)

(단위 : 만 원)

지역	지구	전세가		지역	지구	전세가	
		59㎡	84㎡			59㎡	84㎡
강동구	고덕리앤파크	1억 4천	3억 4천	양천구	신정 이펜하우스2	1억 3천	2억 7천
	강일지구	1억 4천	2억 9천				
송파구	송파파크데일1	1억 5천	3억 7천	구로구	천왕지구	1억 4천	2억 9천
	장지지구	1억 4천	3억 5천	마포구	상암 월드컵파크10	1억 4천	2억 9천
강남구	세곡리앤파크	1억 4천	3억 7천				
	세곡2-3지구	3억 5천	4억 2천	은평구	은평1지구	1억 5천	2억 8천
서초구	서초네이처힐	1억 5천	4억 3천	중랑구	신내3-2	1억 3천	2억 7천
	내곡1지구	3억 6천	3억 9천		신내데시앙	1억 4천	2억 7천
강서구	마곡지구 7단지	3억 1천	3억 5천	노원구	상계장암1	1억 3천	2억 3천
	발산지구	1억 3천	2억 9천				

그런데 요즘에는 물량이 급격하게 줄었다. 장기전세 공급 물량이 최대로 많았던 2010년에는 7,367세대를 공급했던 것이 2017년도는 245세대로 줄었다. 장기전세주택에 입주를 희망하고 준비하던 분들에게는 당혹스럽고 실망스러울 수밖에 없을 것이다.

사실 공급 물량이 절대적으로 줄어든 것은 아니다. 장기전세로 공급되어야 하는 주택이 행복주택으로 변경되어 공급된 것이다. 그러다보니 신혼부부계층이 아닌 일반계층은 신청 기회가 상대적으로 적어진 것이 사실이다.

또한, 서울시에 대규모 아파트 단지를 공급할 만한 택지는 이미 공급되다보니 이제는 그만한 택지가 없어 공급이 줄어든 탓도 있다.

이런 상황에서도 여전히 많은 사람이 장기전세주택에 입주를 희망하는 까닭은 뭘까?

우선 값이 저렴하다. 그것도 아주 저렴하다. 주변 시세 대비 80% 시세로 공급한다고는 하지만 실제 느낌은 반값보다 더 저렴한 경우가 많다.

예를 들어 서울시 강서구 마곡지구 엠밸리7단지 84m^2 일반 전세가는 6억 5천~7억 원(2018년 12월 네이버 부동산 기준) 시세인데 비해 2018년 35차 장기전세 모집 공고의 엠밸리7단지 84m^2 전세가는 3억 5천만 원대로 거의 절반 정도다.

강남구 세곡지구도 비슷하다. 세곡푸르지오의 59m^2 일반 전세가는 5억 원 후반에서 6억 원 초반의 시세이지만 장기전세주택으로 공급되는 59m^2는 3억 5천만 원대로 시세보다 2억 5천만 원 정도가 저렴하다.

서울시 평균 59m^2 전세가는 1억 원 중반 정도 되고 강남 등 일부 지역에서는 2~3억 원대 정도 된다. 84m^2 경우 평균 3~4억 원대이지만 일부 지역에서는 5억 원 이상 공급되는 경우도 있다.

사람들이 장기전세주택을 희망하는 두 번째 이유는 안정적으로 장기간 거주할 수 있기 때문이다. 그것도 최장 20년 동안이나 말이다. 일반 전세로 거주하는 분들은 공통적으로 재계약 시 "또 얼마나 올려줘야 하나"라는 경제적 압박감이 있다. 기존 대출에 추가 대출을 또 받아서 올려주거나 월세를 내야 하는 경우가 발생하기 때문이다.

하지만 장기전세주택의 경우는 2년 단위 재계약 시 본인이 최초 입주한 전세금을 기준으로 5% 이내로 보증금 인상이 제한되어 있기 때문에 일반전세 거주자보다 안정적일 수밖에 없다. 이런 조건이 장기전세주택을 쉽사리 포기하지 못하게 하는 이유라고 필자는 생각한다.

05

공공임대,
나도 신청 가능할까?

　공공주택 신청 자격 조건은 공급 방식이나 공급 평형별로 조건
이 조금씩 다를 수 있고 부동산 정책 변화에 따라 조건이 변경될 수
있다는 것을 숙지해야 한다. 특히 소득 기준과 자산 기준은 해가 바
뀔 때마다 새로운 기준으로 변경된다. 보통 매년 1분기(3월 이전)에
새로 적용되는 기준을 LH공사나 지자체 공사 홈페이지에서 확인할
수 있다. 이 장에서는 기본적인 공공주택 신청 자격과 주택 소유 여
부 확인 및 판정 기준, 무주택 기간 인정 기준, 소득 산정 기준, 자산
보유 기준 등을 알아보겠다.

🏠 신청 자격과 기준

공공주택의 신청 자격 중 공통적으로 확인하는 것이 바로 '무주택 가구 세대 구성원'이라는 조건이다. 공공주택은 신청자 본인뿐만 아니라 세대 구성원 전원이 무주택자이어야 한다.

신청자가 세대주일 수 있고 경우에 따라 세대원이 신청자가 될 수도 있다. 어떤 경우이든 등본상 같은 세대로 구성된 직계존비속 전원이 공고일 기준으로 무주택자여야 한다.

또한, 신청자의 배우자가 주민등록상으로 분리되어 있을 경우에는 분리된 배우자와 동일 등본상의 세대 구성원 전원이 무주택자여야 한다.

그리고 세대주의 같은 등본상 세대에 속한 형제자매, 며느리, 사위, 장인, 장모, 시모, 시부, 친척, 조카, 지인 등은 세대원이 아닌 동거인에 포함된다. 다만, 모집 공고별로 예외 사항이 있을 수 있으니 꼭 공고문을 확인하기 바란다.

즉, 세대 구성원 중 동거인은 신청 자격이 되지 않는다. 다만, 동거인이 같은 세대에서 세대주가 되거나 단독 세대주가 되는 경우라면 신청 자격이 될 수 있다.

또한, 예비 신혼부부의 경우는 신청자 본인과 예비 배우자 모두 무주택자이어야 한다. 만일 배우자가 외국인이면 가족관계등록부에 등재되어 있고 국내 거소 신고를 한 경우라면 동일하게 무주택자이어야 한다.

🏠 주택 소유 여부 확인 및 판정 기준

공공주택 신청자라면 적어도 본인과 배우자까지는 현재 주택을 소유하고 있는지 확인이 안 되는 경우는 극히 드물다고 본다.

하지만 본인과 배우자 그리고 자녀를 벗어난 직계존비속이라면 주택 소유 여부 확인이 어려울 수 있다. 그렇기 때문에 공공주택에 어렵게 당첨됐어도 세대 구성원 중 주택을 소유하고 있어서 부적격자로 탈락하는 경우가 심심치 않게 발생하니 확인이 꼭 필요하다. 여기서 주택으로 보는 경우는 건물등기부등본, 건축물대장등본, 과세 자료 등에 등재된 전국 소재 주택을 말한다.

공공주택에 신청하기 전에 미리 '아파트투유(www.apt2you.com)'를 통해 신청자와 동일 세대 구성원 전원의 주택 소유 사실 여부를 확인하면 좋다.

필자가 만나본 사람 중 현재 부모로부터 주택이나 토지의 지분을 상속받은 경우가 더러 있었다. 토지는 주택으로 보지 않고 자산에만 포함되기 때문에 자산 기준가에 초과하지 않는다면 상관없다.

상속으로 인한 주택 공유 지분은 취득하고 있다면 주택을 소유한 것으로 간주하지만, 공사로부터 부적격자로 통보받은 날부터 3개월 이내에 그 공유 지분을 처분한다면 주택을 소유한 것으로 보지 않는다.

그 외 주택을 소유한 것으로 보지 않는 경우는 도시 지역이 아닌 수도권을 제외한 면의 행정 구역의 건축한 지 20년이 지난 단독주택이나 85m^2 이하 단독주택을 소유한 자가 당해 주택 건설 지역에서 거주하다가 다른 주택 건설 지역으로 이주한 경우는 주택을 소유한 것을 보지 않는다. 또한, 20m^2 이하 주택을 소유하거나 무허가 건물을 소유하고 있더라도 무주택자로 인정된다.

🏠 무주택 기간 인정 기준

장기전세주택이나 국민임대주택 등 임대 방식의 공공주택에는 무주택 기간이 가점 항목에 포함되어 있다. 무주택 기간이 길면 길수록 높은 가점을 받을 수 있어 당첨에 유리하다.

하지만 공공분양주택이나 10년 공공임대주택 등 분양 또는 분양 전환되는 일반공급 방식에는 3년 이상의 무주택 기간을 우선하게 된다. 여기서 무주택 3년은 소유한 주택을 처분한 날(등기 이전)이 기준이며 만 3년이 지나야 한다. 그리고 주택을 소유한 적이 없는 경우는 만 30세가 되는 날부터 3년이 지난 만 33세가 기준이 된다.

그런데 만일 만 30세 이전 만 29세에 혼인했다면 혼인 신고한

날로부터 3년을 계산하여 만 32세가 되면 3년 이상의 무주택자가 된다. 만일 신청자 기준으로 3년의 무주택을 충족하더라도 신청자의 배우자 또는 세대 구성원 중 무주택 3년이 지나지 않았을 경우에는 신청 자격이 안 된다. 즉 세대 구성원 전원 무주택 기간을 기준 한다는 것을 명심하자.

🏠 소득 산정 기준

공공주택 신청 자격 중 무주택 기준 다음으로 중요한 것이 소득 기준이다. 소득이란 근로소득, 사업소득, 재산소득, 기타소득 등 크게 4가지로 구분된다.

우선 근로소득의 상시근로소득은 4대 보험에 가입한 근로소득자의 일반적인 급여라고 생각하면 된다. 일용근로소득은 3개월 이내 단기 알바 소득이나 1년 이내 건설공사 근로자의 소득을 말한다. 그 외 자활근로소득이나 공공일자리소득도 근로소득에 포함된다.

상시근로소득자는 건강보험 보수월액, 국민연금 표준보수월액을 우선으로 확인되고, 일용근로소득자는 국세청 일용근로소득 지급 명세서로 확인된다. 자활근로소득은 자활근로자 근로 내역에서, 공공 일자리소득은 노동부 '일모아(http://ilmoa.go.kr)'에서 근로 내역을 확인할 수 있다.

사업소득은 농사, 과수, 사육업 등 농업에서 발생하는 농업소득과 영림업, 사육업, 임산물 생산업 등에서 발생하는 임업소득, 어업을 통해 발생되는 어업소득이 포함된다. 사실 농사와 관련한 소득으로 신청 자격에 문제가 되는 경우는 필자의 경험상 별로 없었다.

하지만 기타 사업소득에 해당하는 도소매업, 제조업 등 일반적인 사업소득자의 경우는 다르다. 보통 매출이 발생하고 각종 비용을 제외한 소득을 실질 소득이라고 보는데 경우에 따라 소득 초과자가 발생한다. 사업소득자는 국세청 종합소득신고 금액을 소득으로 기준한다.

다음은 재산소득인데 부동산을 임대하여 발생하는 임대소득, 예금·주식·채권의 이자와 배당에서 발생하는 이자소득, 민간 연금보험이나 연금저축에서 정기적으로 발생하는 연금소득이 재산소득에 해당한다. 서류 심사 과정 중 소득 관련 소명대상자로 통보받으면 재산소득에 누락이 있었던 경우가 많았다.

마지막으로 기타소득의 공적 이전 소득이 있다. 국민연금, 사학퇴직연금, 공무원퇴직연금, 국방부퇴직연금, 별정우체국연금, 한국고용정보원 실업급여, 근로복지공단 산재보험급여, 보훈대상자 보상급여 등 국가 또는 공공기관에서 발생하는 소득을 말한다.

부모님들의 경우 공적연금으로, 청년계층에서는 실업급여로 인해 소명대상자가 되는 경우가 발생하기도 하니 공공주택 신청 전에 동일 세대 구성원 모두 소득 자료를 확인하는 것이 좋다.

🏠 자산 보유 기준

공공주택의 자산 보유 기준은 부동산, 금융, 자동차, 기타 자산, 부채 등 5가지로 나누어진다. 부동산 자산은 사회보장정보시스템에서 확인되는 모든 부동산을 말하는데 보통 토지나 주택, 상가, 공장, 오피스텔 등 건축물을 말한다. 토지는 개별공시지가를, 부동산은 공시 가격 또는 시가표준액을 기준으로 한다.

금융 자산은 보통예금, 저축예금, 각종 예금은 최근 3개월 이내의 평균 잔액을 기준으로 하고 적금은 잔액 또는 총 납입액을 기준한다. 주식·수익 증권은 최종 시세가액을, 채권·어음은 액면가액을 기준 한다. 보장성보험, 연금보험의 경우는 해약 시 지급받는 환급금을 기준으로 한다.

기타 자산은 여러 사항이 포함되지만 보통의 경우 전월세 세입자의 임차보증금과 재개발, 재건축 시 조합원 입주권이 포함된다는 것을 알아야 한다. 자동차를 보유하고 있다면 보건복지부장관이 정하는 차량 기준 가액을 산출하여 자산가에 포함된다. 또한, 금융 기관의 대출도 부채에 포함되지만 위에서 말한 총자산가에서 부채를 제외한 금액으로 자산 보유 기준 금액에 충족되면 된다.

그런데 공공주택별 또는 신청 대상별로 자산 보유 기준 금액이 다르다. 우선 행복주택의 대학생계층은 7,500만 원 이하, 청년계층은 23,200만 원 이하, 신혼부부 계층은 28,000만 원 이하가 조건이고 국민임대주택도 28,000만 원 이하 조건이다.

하지만 장기전세주택, 10년 공공임대주택, 공공분양주택의 자산 가는 21,550만 원으로 행복주택 신혼부부 계층이나 국민임대주택보다 낮다. 그 이유는 기타자산 중 임차보증금이 자산 기준에 포함되지 않기 때문이다.

🏠 자동차 보유 기준

현재 주택을 소유하지 않더라도 자동차를 소유하고 있는 경우는 많다. 자동차는 총자산에 포함되기도 하지만 개별 자동차 가액이 기준을 초과하면 총자산가와 상관없이 신청 자격이 안 된다.

보건복지부 장관이 정하는 차량 기준 가액(차량 가액)을 기준으로 하는데 보험개발원(www.kidi.or.kr), 국세청 홈택스(www.hometax.go.kr) 홈페이지에서 확인할 수 있다. 또는 자동차 보험 증권에서도 차량 가액을 확인할 수 있다. 차량 가액 산정은 차량 연식이 아닌 최초 신규 등록일을 기준으로 경과 년수에 따라 매년 10%씩 감가상각을 하여 계산되는 구조다.

그리고 장애인 차량, 국가유공자 보철용 차량은 제외되고 국가와 지자체의 보조를 받은 저공해 차량의 경우 지원받은 보조금은 차량 가액에서 제외된다. 만일 동일 세대에 두 대 이상의 차량이 있는 경우는 차량 가액이 합산되지 않는다. 다만 그중 한 대의 차량이 차량 가액 기준을 초과하면 신청 자격이 안 된다. 또한 리스나 렌트 차량은 본인 명의 차량이 아니므로 차량을 보유하지 않은 것으로 간주한다.

그런데 공공주택별 또는 신청 대상별로 차량 보유 기준 금액이 다르게 적용되는 것을 기억해야 한다. 우선 행복주택의 대학생계층은 차량을 보유하면 안 되고, 청년계층과 신혼부부계층은 2,499만 원의 제한이 있다. 국민임대주택도 동일한 조건이다. 하지만 역세권2030청년주택은 차량 미소유자 및 미운행자로 제한되어 있다는 것을 명심해야 한다.

그리고 장기전세주택, 10년 공공임대주택, 공공분양주택의 차량 가액은 2,850만 원 이하로 다소 높다. 만일 개인이 보유한 차량이 기준하는 차량 가액을 초과한다면 초과하는 금액을 타인 명의로 차량 지분을 변경하면 된다.

06

공공임대
당첨 확률 높이는 방법

공공주택은 무주택이고, 소득·자산 기준 등 조건만 충족한다면 누구나 신청할 수 있다. 물론 신청 자격이 된다고 누구나 당첨이 되는 것은 아니다. 신청자 본인과 가족구성원의 상황에 따라 신청 방법이 다르고 당첨에 유리한 방법이 따로 있다. 그래서 희망하는 주거 조건에 따른 공공주택 당첨 전략이 필요하다.

공공주택은 신청 방식에 따라 '일반공급'과 '우선공급' 또는 '일반공급'과 '특별공급'으로 나뉘어진다. 공공분양주택이나 분양 전환되는 주택의 경우에는 '특별공급'이라고 표기하고, 국민임대주택이나 장기전세주택 등 임대형 경우에는 '우선공급'으로 표기한다.

특별공급 대상자는 다자녀가구, 신혼부부, 생애 최초, 노부모 부양, 국가유공자, 기타 특별(기관 추천)에 해당되는 경우다. 여기서 기관 추천은 장애인, 한부모가족, 장기 복무 제대 군인, 중소기업근로자 등 해당 기관에서 특별공급 대상자로 추천을 받은 경우를 말한다. 특별공급에 해당하지 않으면 일반공급 대상자가 된다. 임대형의 우선공급대상자는 분양형의 생애 최초만 제외하고 동일하다고 생각하면 된다. 하지만 임대형 일반공급은 고령자와 주거약자를 포함한다.

아래의 표의 표시된 부분은 분양형과 임대형 각각의 공고문에 특별공급과 우선공급의 분류 대상자를 구분해놓은 것이다.

분양형 특별공급 대상자(LH공사)

블록	주택형	주택타입	발코니유형	세대당 주택면적(㎡)					공유대지면적(㎡)	공급 세대수								가정어린이집	최고층수	1층세대수	입주예정시기
				공급면적		그 밖의 공용면적		계약면적(계)		계	특별공급						일반공급				
				주거전용	주거공용	기타전용	지하주차장				다자녀가구	신혼부부	생애최초	노부모부양	국가유공자	기타특별					
합계										617	62	185	123	31	62	63	89	2			
A5	051,000A	51A	확장	51.97	18.5140	3.7759	27.7032	101.9631	44.6110	252	24	76	50	13	25	25	39	-	19	16	
	059.0000A	59A-1	확장	59.98	21.3675	4.3578	31.9730	117.6783	51.4868	284	28	85	57	14	28	30	40	2	25	5	'21년 1월
		59A-2	확장	59.97	21.3639	4.3570	31.9677	117.6586	51.4781											18	7	
	059.0000B	59B-1	확장	59.95	21.3568	4.3556	31.9570	117.6194	51.4610	81	10	24	16	4	9	8	10	-	25	2	
		59B-2	확장	59.97	21.3639	4.3570	31.9677	117.6586	51.4781											18	2	

임대형 우선공급 대상자(LH공사)

공급형별	일반공급	주거약자용 주택공급	계	사업지구 철거민 (가목)	만65세 이상 고령자	노부모 부양자	장애인	파독 근로자	장기복무 제대군인	중소기업 근로자	북한이탈주민	지원대상 한부모가족	비정규직 근로자	가정폭력피해자/소년소녀가정/아동위탁가정/범죄피해자/탄광근로자/해외귀주재외동포/납북피해자/성폭력피해자/귀환국군포로	3자녀 이상가구 (다목)	국가유공자등 (라목)	영구임대 입주자 (마목)	비닐간이 공작물 거주자 (바목)	신혼부부 자녀가 만6세 이하인 한부모 (사목)
계	64	128	288	108	7	5	10	2	2	2	2	5	7	5	24	24	7	5	73
26A	32	–	126	28	4	3	5	1	1	1	1	3	4	3	13	13	4	3	39
26B	–	128	–	–	–	–	–	–	–	–	–	–	–	–	–	–	–	–	–
44A	32	–	162	80	3	2	5	1	1	1	1	2	3	2	11	11	3	2	34

그런데 행복주택이나 역세권2030청년주택의 경우, 일반공급과 우선공급의 구분은 신청 대상자의 자격이 아닌 거주 지역에 있다. 예를 들어 서울시에서 공급하는 행복주택 일반공급은 해당 공급 지역인 서울시와 인접 지역(경기도)에 거주하거나 직장이 있는 경우를 근거로 한다. 우선공급은 행복주택이 위치하는 서울시 지역과 서울시 자치구에 거주하거나 직장이 있는 경우를 근거로 한다는 점이 다르다.

행복주택 '청년계층' 일반공급, 우선공급 대상자(SH공사)

· 일반공급 순위	
입주자모집공고일(2019.3.29.) 현재 일반공급 대상자의 요건을 모두 갖추고 아래 1·2·3순위의 요건을 갖춘 자	

1순위	해당 주택건설지역(서울특별시) 또는 인접 지역(의정부시, 남양주시, 구리시, 하남시, 성남시, 과천시, 안양시, 광명시, 부천시, 인천광역시, 김포시, 고양시, 양주시)에서 거주하거나 소득이 있는 업무에 종사 중인 자
2순위	해당 주택건설지역이 속한 주택공급에 관한 규칙 제4조 3항 각호의 지역으로서 1순위에 해당하지 않는 지역(수원시, 평택시, 동두천시, 안산시, 오산시, 시흥시, 군포시, 의왕시, 용인시, 파주시, 이천시, 안성시, 화성시, 광주시, 포천시, 여주시, 연천군, 가평군, 양평군)에서 거주하거나 소득이 있는 업무에 종사 중인 자
3순위	1순위 및 2순위에 해당하지 않는 자

■ 우선공급

입주자모집공고일(2019.3.29) 현재 일반공급 대상자의 요건을 모두 갖추고 아래 1순위 또는 2순위의 요건을 갖춘 자
※ 우선공급에서 탈락한 신청자는 별도의 신청 절차 없이 일반공급 신청자로 전환됩니다.

· 순위

1순위	행복주택이 위치하는 서울특별시 해당자치구에(서) 거주하거나 소득이 있는 업무에 종사 중인 자
2순위	행복주택이 위치하는 서울특별시 해당자치구 외 서울특별시에(서) 거주하거나 소득이 있는 업무에 종사 중인 자

· 배점

항목	3점	1점
1. 거주지 및 거주 기간	행복주택이 위치하는 서울특별시에 3년 이상 거주 ※ 서울시 최종 전입일이 2016.3.29(당일 포함) 이전인 자	행복주택이 위치하는 서울특별시에 3년 미만 거주 ※ 서울시 최종 전입일이 2016.3.30(당일 포함) 이후인 자
2. 주택청약종합저축(청약저축 포함) 납입 횟수	가입 2년이 경과한 자로서 매월 약정 납입일에 월 납입금을 24회 이상 납입한 자	가입 6개월이 경과한 자로서 매월 약정 납입일에 월 납입금을 6회 이상 23회 이하 납입한 자

※ '소득 근거지'란 사업자등록증 (또는 법인등기부등본 등)으로 확인하며 단, 실제 근무지가 사업자등록증의 소재지와 다른 경우 신청인이 해당 증빙서류(재직증명서, 근로계약서 등)를 추가 제출할 경우에 인정합니다.
※ 거주지 및 거주기간은 주민등록표를 기준으로 하며, 주민등록표상 공고일 현재 "계속하여" 등재되어 있는 사실이 확인되는 경우에 한합니다.
※신청시 주택청약종합저축은행명 착오기입으로 인해 납입 인정 회차가 조회되지 않을 경우에는 점수가 인정되지 않으므로 반드시 가입한 주택청약종합저축은행을 확인하기 바랍니다.

■ 경쟁 시 입주자 선정기준

구분	입주자 선정 순서
우선공급	순위 → 배점 → 추첨
일반공급	순위 → 추첨

행복주택 '신혼부부계층' 일반공급, 우선공급 대상자(SH공사)

- 일반공급 순위
입주자모집공고일(2019.3.29.) 현재 일반공급 대상자의 요건을 모두 갖추고 아래
1·2·3순위의 요건을 갖춘 자

1순위	해당 주택건설지역(서울특별시) 또는 인접 지역(의정부시, 남양주시, 구리시, 하남시, 성남시, 과천시, 안양시, 광명시, 부천시, 인천광역시, 김포시, 고양시, 양주시)에서 거주하거나 소득이 있는 업무에 종사 중인 자
2순위	해당 주택건설지역이 속한 주택공급에 관한 규칙 제4조 3항 각호의 지역으로서 1순위에 해당하지 않는 지역(수원시, 평택시, 동두천시, 안산시, 오산시, 시흥시, 군포시, 의왕시, 용인시, 파주시, 이천시, 안성시, 화성시, 광주시, 포천시, 여주시, 연천군, 가평군, 양평군)에서 거주하거나 소득이 있는 업무에 종사 중인 자
3순위	1순위 및 2순위에 해당하지 않는 자

※ 일반공급 순위는 신청자 본인 또는 배우자(예비 신혼부부의 경우는 예비 배우자)의 거주지나 소득활동소재지 기준으로 심사합니다.(한부모가족은 본인 기준으로만 신청이 가능)
※ '소득 근거지'란 사업자등록증(또는 법인등기부등본 등)으로 확인하며 단, 실제 근무지가 사업자등록증의 소재지와 다른 경우 신청인이 해당 증빙서류(재직증명서, 근로계약서 등)를 추가 제출할 경우에 인정합니다.

■ 우선공급
입주자모집공고일(2019.3.29) 현재 일반공급 대상자의 요건을 모두 갖추고 아래 1순위 또는 2순위의 요건을 갖춘 자
※ 우선공급에서 탈락한 신청자는 별도의 신청 절차 없이 일반공급 신청자로 전환됩니다.

- 순위

1순위	행복주택이 위치하는 서울특별시 해당자치구에(서) 거주 중인 자
2순위	행복주택이 위치하는 서울특별시 해당자치구 외 서울특별시에(서) 거주 중인 자

※ 우선공급 순위는 신청자 본인의 거주지 기준으로 심사합니다.
※ 우선공급 순위 및 배점 항목은 신청자 본인(예비 신혼부부의 경우 대표신청자) 기준으로 심사합니다.

- 배점

항목	3점	1점
1. 거주지 및 거주 기간	행복주택이 위치하는 서울특별시에 3년 이상 거주 ※ 서울시 최종전입일이 2016.3.29(당일 포함) 이전인 자	행복주택이 위치하는 서울특별시에 3년 미만 거주 ※ 서울시 최종전입일이 2016.3.30(당일 포함) 이후인 자
2. 주택청약종합저축(청약저축 포함) 납입 횟수	가입 2년이 경과한 자로서 매월 약정 납입일에 월 납입금을 24회 이상 납입한 자	가입 6개월이 경과한 자로서 매월 약정 납입일에 월 납입금을 6회 이상 23회 이하 납입한 자

※ 거주지 및 거주기간은 주민등록표를 기준으로 하며, 주민등록표상 공고일 현재 "계속하여" 등재되어 있는 사실이 확인되는 경우에 한합니다.
※배점은 신청자(예비신혼부부의 경우는 '대표신청자') 본인의 주택청약종합저축(청약저축 포함) 및 거주지 기준으로 심사하며 신청자가 아닌 배우자(대표신청자가 아닌 예비 배우자)의 주택청약종합저축(청약저축 포함)은 배점으로 인정되지 않으므로 신청 시 착오 없으시길 바랍니다. 신청시 주택청약종합저축은행명 착오기입으로 인해 납입 인정 회차가 조회되지 않을 경우에는 점수가 인정되지 않으므로 반드시 본인이 가입한 주택청약종합저축은행을 확인하기 바랍니다.

■ 경쟁 시 입주자 선정기준

구분	입주자 선정 순서
우선공급	순위 → 배점 → 해당 순위 지역의 거주기간이 오래인 자 → 추첨
일반공급	순위 → 추첨

공공주택 당첨에 있어 가장 안타까운 것이 본인이 우선공급 대상자임에도 불구하고 일반공급으로 신청해서 탈락하는 경우다.

우선공급자로 신청할 경우, 우선공급에서 탈락하더라도 별도의 신청 절차 없이 일반공급 대상자로 전환되어 추첨한다.

🏠 당첨 전략 1. 일반공급보다 우선공급을 먼저 신청하라

보통 일반공급보다 우선공급이 유리한 것은 사실이다. 그리고 2순위보다 1순위가 더 유리한 것도 사실이다. 그런데 만일 우선공급 2순위자와 일반공급 1순위자 중 하나만 신청이 가능하다면 어느 경우가 더 유리할까?

예를 들어 현재 강남구에 직장과 거주지가 있는 상태에서 옆 지역인 서초구에 행복주택을 신청한다면 우선공급 2순위에 해당해서 1순위에 밀리고 당첨에 유리하지 않다. 하지만 일반공급에서는 공급 해당 지역인 서울시의 거주자 또는 직장이 있기 때문에 1순위 자격자가 된다. 또한 거주지는 경기도 성남이고 직장은 서울시 서초구라면 일반공급 1순위 자격과 우선공급 2순위 자격이 된다. 이런 경우 어느 쪽으로 신청해야 유리할지 고민이 될 것이다.

많은 분들이 우선공급 2순위 자격보다 일반공급 1순위 자격이 더 유리하다고 판단하고 그냥 일반공급자로 신청한다.

하지만 이럴 때는 무조건 우선공급 2순위로 신청하는 것이 절대적으로 유리하다. 그 이유는 우선공급에서 순위가 밀려서 탈락하더라도 별도의 신청 절차 없이 자동으로 일반공급 1순위 자격이 부여되기 때문이다. 결국 또 한 번의 추첨 기회가 생기는 것이다. 우선공급 1순위보다 유리하지는 않겠지만 한 번의 기회보다 두 번의 기회를 얻는 것이 당첨 확률을 높이는 좋은 전략이다.

당첨 전략 2. 직장 위치와 다른 곳에 집을 구하라

왜 직장 위치와 다른 곳에 거주지를 구해야 할까? 독립을 예정하거나 지방에서 수도권으로 취업하거나 이직하는 경우 보통 직장 인근에 집이 있기를 바란다. 아무래도 시간 절약과 출퇴근의 편리함 때문에 비싼 월세를 지불하더라도 직장 인근에 집을 얻고 싶어 한다.

하지만 행복주택에 입주를 희망하는 사회초년생이나 만 39세 이하 미혼 청년이라면 직장 위치와 다른 지역에 집을 구하는 것이 당첨에 유리하다.

일단 여기서 다른 지역이란? 서울일 경우 자치구를 다르게 하라는 뜻이다. 만일 직장이 서울시 강남구에 위치한다면 강남구를 제외한 서울의 다른 자치구에 집을 구하라는 뜻이다. 그 이유는 행복주택의 우선공급은 직장 위치 또는 거주지를 기준으로 신청 대상자를 구분하기 때문이다.

현재 직장과 거주지가 동일한 강남구에 있는 상태이고 행복주택이나 청년주택이 강남구에 공급된다면 직장이나 거주구에 따른 1순위 조건이 된다. 하지만 공급대상 지역에 강남구와 가까운 서초구는 있지만 강남구가 없다면 그냥 서울시 거주자 또는 직장 근무자로 2순위 자격에 해당하고 당첨에 불리해질 수밖에 없다.

그런데 만일 거주지가 서초구에 있다면 서초구에 거주자로 1순위 자격이 된다. 그렇기 때문에 직장과 거주지가 각각 다른 구에 있어야 그만큼 1순위 자격의 기회가 많아지고 당첨에 유리해진다.

🔍 당첨 전략 3. 중소기업 근로자라면 제조업을 확인하라

만일 중소기업에 재직하는 근로자라면 회사가 제조업인지 확인해 보면 좋다. 제조업이라면 당첨에 유리하기 때문이다. 하지만 제조업을 확인하기 전에 재직하는 회사가 중소기업인지를 먼저 확인해야 한다. 보통 자산 총액이 5천억 원 미만이면 중소기업으로 분류되지만 재무 관련 업무가 아닌 일반 근로자라면 확인이 쉽지 않다. 이런 경우 '중소기업현황정보시스템(http://sminfo.mss.go.kr)'에서 확인할 수 있다. 그리고 제조업 확인 방법은 사업자등록증 상의 업태 중 제조업이 있는가를 확인하면 된다.

그렇다면 왜 중소기업 근로자이면 유리할까? 공공주택 중 국민임대주택이나 재개발임대주택의 가점 항목에 현재 중소기업에 재직 중인 근로자에게는 가점 3점을 부여하기 때문이다.

3점이 얼마나 큰 점수인지 궁금한가? 3점은 청약통장을 5년 동안 가입하고 납입 회차가 60회가 되어야 받을 수 있는 점수다. 또한, 신청 자격에 문제가 없는 부양가족이 3명이 있거나 미성년 자녀가 3명일 경우 3점을 받게 된다. 해당자라면 아주 큰 점수라는 것을 기억해야 한다.

그리고 중소기업 제조업 법인뿐만 아니라 개인사업자 근로자의 경우도 해당한다. 하지만 근로자가 아닌 임원 또는 대표자는 가점 대상에서 제외된다는 점을 유념해야 한다.

🔎 당첨 전략 4. 부부라도 당첨에 유리한 사람은 따로 있다

(＊ 분양에도 해당)

신혼부부계층으로 신청한다면 대부분의 공공주택 모집 공고에는 두 사람 중 한 사람만 신청해야 한다. 그렇다면 누가 신청하는 것이 유리할까?

공공주택 종류와 방식에 따라 신혼부부계층 신청 기준이 다소 다르지만 한 가지 동일한 것은 무주택 세대 구성원 자격이다. 즉 세대주이든 세대원이든 모두 신청 자격이 된다는 뜻이다. 보통의 경우 세대주가 신청하는 경우가 많고 그 세대주가 보통 남자일 경우가 많다. 하지만 신청하는 공공주택에 따라 당첨에 유리한 사람이 따로 있다는 것을 명심해야 한다.

행복주택 신혼부부계층이면 무엇보다 우선공급에 해당하는 사람이 누구인가를 확인해야 한다. 특히 예비 신혼부부로 신청하는 경우는 더 그렇다.

먼저 청약통장 납입 회차가 적어도 24회 이상인 자가 신청해야 하고, 두 사람 모두 24회가 넘었다면 해당 지역에 3년 이상 거주한 사람이 신청자가 되어야 한다. 즉 청약통장을 24회 납입하고 해당 지역에 3년 이상 거주한 사람이 당첨에 유리하다.

만일 서울 지역에 신청한다면 공급하는 자치구에 거주하고 있는 사람이 신청하고, 자치구에 오랫동안 거주한 사람이 절대적으로 유리하다. 그 이유는 경쟁 시 해당 지역 자치구에 더 오래 거주한 기간 순으로 당첨자를 결정하기 때문이다. 서울특별시와 광역시를 제외한 지역은 시 거주 기간을 기준으로 한다.

또한, 공공분양주택 신혼부부 특별공급의 경우는 1순위 조건 이후 가점이 높은 순으로 당첨자를 선정하는데 가점 항목에 따라 부부라도 각각 점수가 다를 수 있다.

가점 항목은 소득, 자녀 수, 해당 지역 거주기간, 청약통장 납입 횟수, 혼인 기간으로 구성되어 있는데 여기서 소득, 자녀 수, 혼인 기간은 부부 공통으로 적용되지만, 해당 지역 거주 기간과 청약통장 납입 횟수는 부부라도 다를 수 있다. 그래서 부부 중 가점에 유리한 사람이 신청하는 것이 당첨에 유리할 수밖에 없다.

당첨 전략 5. 사는 곳은 같아도 등본상 주소지는 다르게 하라
(* 분양에도 해당)

일반적인 신혼부부라면 한 곳의 신혼집에 동본상 주소지를 같게 한다. 그저 그래야만 한다고 생각할 것이고 직장 위치나 직업상 특별한 경우가 아니라면 부부가 따로 주소지를 둘 이유도 없을 것이다. 하지만 남보다 빠르게 내 집 마련을 희망한다면 특별한 경우가 없더라도 등본상 주소지를 다르게 하는 것이 당첨에 절대적으로 유리하다.

왜 등본상 주소지를 달리해야 할까? 희망하는 지역이 한 곳이 아니라 희망 지역이 다수의 지역인 경우 유리하기 때문이다. 앞서 설명한 행복주택의 신혼부부계층 우선공급 1순위 지역이 다르기 때문에 각각의 주소지를 다르게 한다면 1순위 기회가 많아진다. 그리고 신혼희망타운이나 공공분양주택의 경우도 해당 지역 거주자를 우선하는 방식이기 때문에 부부라도 거주 지역을 다르게 하는 것이 좋다.

하지만 국민임대주택이나 장기전세주택의 경우는 세대 분리를 한 신혼부부가 신청할 때는 주의해야 할 사항이 있다. 신청하는 평형에 따라 신청 자격이 제한되기 때문인데, 세대 분리한 단독세대주가 $40m^3$ 초과 평형에 신청해서 당첨자로 선정되더라도 당첨은 취소된다. 그 이유는 단독세대주는 $40m^3$ 이하의 평형에만 신청할 수 있기 때문이다.

이런 경우는 분리한 세대주와 자녀가 같은 등본상에 있으면 문제가 없다. 만일 자녀가 없는 경우면 세대 분리한 배우자의 부모를 등본상 부양하면 되지만 부모의 주택 소유 여부와 소득 및 자산 여부를 먼저 확인해야 한다.

⛰️ 당첨 전략 6. 거주하는 지역의 거주 기간을 늘려라

거주 기간이란? 현재 등본상 거주하고 있는 지역에 연속적으로 거주한 기간을 말한다. 만일 실제 거주지와 등본상 거주지가 다른 경우는 등본상 거주지를 기준으로 한다. 여기서 연속적인 거주 기간이 중요하다. 예를 들어 서울시에 태어나서 계속 서울시에 거주하다가 경기도 지역에 1년 거주하고 다시 서울시로 전입한 지 1년 정도 됐다면 서울시 거주 기간은 1년이다.

왜 거주 기간이 중요할까? 공공주택의 여러 방식 중 경쟁 시 가점이 높은 자를 우선하는 경우가 많은데, 가점 항목 중 해당 지역 거주 기간 점수가 포함되기 때문이다. 행복주택 청년계층과 신혼부부계층의 경우 해당 지역에서 만 3년 이상 거주할 경우 최고 3점의 가점을 받지만, 3년 미만의 경우는 1점을 받는다. 여기서 2점의 차이는 당첨의 당락을 결정짓는 큰 점수이다. 국민임대주택은 최장 5년 이상 거주하면 최고 3점이고, 장기전세주택은 최장 10년 이상 거주하면 최고 5점을 받기 때문에 연속적인 거주 기간 점수가 당첨에 매우 중요한 항목이다.

그리고 거주 기간을 기준하는 나이는 만 19세이다. (단, 행복주택 신혼부부계층의 우선공급 입주자 선정 시의 거주 기간은 미성년일 때를 포함한다.) 하지만 현재 거주하는 지역과 희망하는 지역이 다른 경우가 많이 있다. 이런 경우는 희망하는 지역에 등본상으로 거주하는 것을 증명하면 된다. 즉 전입 신고를 우선하는 것이 여러 점에서 당첨에 유리하다.

🔍 당첨 전략 7. '물량 앞에 장사 없다' 공급 물량이 많은 곳에 신청하라 (* 분양에도 해당)

공공주택 신청 시 여러 지역 중 어디를 신청해야 유리할지 고민하는 경우가 많이 있다. 이런 경우라면 일단 공급 물량이 많은 곳을 자세히 살펴봐야 한다. 필자의 경험상 인기가 없는 곳이라도 공급 물량이 적으면 경쟁률이 높아지고 아무리 인기가 많은 곳이라도 공급 물량이 많으면 경쟁률이 낮아지기 때문이다. 그래서 필자는 물량 앞에 장사가 없다고 말한다.

또한, 신규 모집 이후 추가 모집이나 예비자 모집 시 공급 세대수가 많은 곳이어야 공가 세대가 많이 발생하고 더불어 예비자 순번도 빨라진다.

하지만 동일 지역 내 단지 선택의 경우에는 다소 다를 수 있다. 예를 들어 A단지는 100세대, B단지는 80세대, C단지는 50세대 총 190세대를 모집한다고 가정한다면 과연 어느 단지가 경쟁률이 가장 높고 가장 낮을까?

물론 평형이나 타입에 따라 경쟁률이 다를 수 있겠지만 거의 비슷한 조건이라면 어떨까? 이 책을 읽고 있는 독자라면 A, B, C 단지 중 어디를 신청하겠는가? 아마 경우를 수를 따지면서 고민할 것으로 예상된다. 필자 또한 정답을 알 수는 없지만, LH공사나 SH공사의 공공주택 모집 공고 신청 이후 단지별 또는 평형별로 신청자의 경쟁률을 공사 홈페이지에 공지한다. 그 자료를 기반으로 공급 물량이 가장 많은 곳이 경쟁률이 높게 나왔고 물량이 적은 곳이 상대적으로 낮게 나온 경우가 많았다는 것을 알게 되었다. 결론적으로 지역 선택은 물량이 많은 곳이 유리하고, 단지 선택은 물량이 적은 곳이 당첨에 다소 유리하다.

당첨 전략 8. 나의 소득 구간을 항상 확인하라

(* 분양에도 해당)

소득이 초과하여 공공주택 신청 자격이 안 되는 경우가 빈번하다. 소득이 현저하게 많이 초과하는 경우를 제외하고 근소하게 초과하는 경우라면 항상 본인의 소득을 확인할 필요가 있다. 그 이유는 월평균 소득이 일정하지 않은 경우가 많기 때문이다. 특히 근로소득자의 경우 인센티브와 각종 수당이 지급되는 기준이 다를뿐더러 지급 시기도 다른 경우가 많다.

인센티브나 연말 보너스가 지급될 시기에는 소득이 높을 것이고 그렇지 않은 달에는 당연히 낮을 것이다. 예를 들어 인센티브가 있는 달에는 세전 급여가 500만 원이고 인센티브가 없는 월에는 400만 원이라고 하자. 행복주택 청년계층 소득 기준인 80%(4,002,072원) 구간에 인센티브가 지급되는 달에는 월소득이 초과하지만, 그렇지 않은 달에는 초과하지 않는다. 즉 모집 공고일(월)을 기준으로 보수월액이 500만 원이면 신청 자격이 되지 않고 400만 원이면 신청 자격이 되는 것이다. 그래서 월소득이 일정하지 않은 경우라면 본인의 소득을 항상 확인할 필요가 있다.

또한 근로소득자의 경우, 소득 기준은 건강보험관리공단의 '보수월액'을 기준으로 적용된다. 그런데 '보수월액'이 근로자 본인이 알고 있는 급여와 다른 경우도 빈번하다. 회사마다 근로자의 급여 신고 기준이 다르기 때문이다.

공무원이나 대기업의 경우는 근로자에게 지급하는 기본 급여와 각종 수당 모두 신고하는 편이지만 소규모 회사의 경우는 수당을 제외한 기본 급여만 신고하는 경우가 많아 실제 급여보다 '보수월액'이 적게 나오기도 한다. 그래서 본인이 희망하는 공공주택의 소득 구간을 먼저 확인하고 공고일 기준 본인의 '보수월액'을 반드시 확인해야 한다.

🏠 당첨 전략 9. 중간에 이사 가야 한다면 퇴거 대상자가 되라

만일 공공주택에 당첨되어 거주하다가 다른 곳으로 이사를 가야 한다면 어떻게 될까? 이 경우는 입주자의 자발적 퇴거 사유로 처리된다. 하지만 자발적 퇴거가 아닌 입주 자격 기준을 상실하여 퇴거하는 것이 다음번 공공주택 당첨에 유리하다. 모든 공공주택의 퇴거 사유에 해당하는 사항은 아니지만, 장기전세주택이나 국민임대주택의 경우가 해당한다.

예를 들어 장기전세주택에 당첨되고 거주하다가 이직 등 개인적 사유로 퇴거하여 일반 주택에 이사했지만, 다시 장기전세주택에 신청한다면 당첨될 가능성이 있을까? 물론 장기전세주택의 자격 요건을 충족한다는 전제일 경우이다. 참고로 최초 장기전세주택 당첨 이후 또 다른 장기전세주택을 신청을 못한다는 규정은 없다.

하지만 최초 장기전세주택에 계약한 사실이 있다면 감점 사항에 해당하여 총 본인의 가점 중 최저 6점에서 최고 10점을 감점하게 된다. 사실상 당첨이 어려운 것이다. 하지만 최초 장기전세주택에서 퇴거 시 사유에 따라 감점 사항에 제외되는 경우가 있다.

어떤 경우가 감점 사항에서 제외될까? 입주자가 장기전세주택에 거주하는 기간 동안 소득 기준을 초과하여 퇴거하는 경우와 부동산 및 자동차 보유 기준이 초과하여 퇴거하는 경우에는 감점이 적용되지 않는다.

입주자가 갑작스런 소득 증가로 소득 기준에 초과하는 경우는 흔치 않을 것이다. 그리고 주택이나 토지 등 부동산을 소유하여 퇴거하는 경우도 많지 않을 것이다. 그렇다면 자동차는 어떨까? 자동차 보유 기준을 초과하는 것이 소득과 부동산 기준을 초과하는 것보다는 어렵지 않을 것으로 필자는 생각된다. 또한, 신청자가 다른 지역으로 전입 신고를 하게 되면 퇴거 대상자가 될 수 있다.

사는 것에 따라 주거 상황도 변화가 많지 않겠는가? 공공주택 입주도 중요하겠지만 장기적으로 퇴거 또한 중요하다는 것을 기억하자.

Chapter 3

[공공분양]
수도권에 난생처음
내 집 마련

07

공공분양주택의
종류

청년이나 신혼부부가 오직 소득만으로 서울에 내 집 마련을 한다는 것은 사실상 불가능한 시대다. 하지만 공공주택이라면 불가능한 내 집 마련이 가능하다는 것을 이 책을 통해 알았으면 좋겠다.

사실 우리는 내 집을 마련하는 방법을 제대로 배운 적이 없지 않았던가. 부모 세대가 했던 방법대로 하거나 경매 학원이나 부동산 스쿨에서 경매의 방법과 투자의 기술을 배우는 것이 전부가 아니던가? 필자가 제시하는 공공주택으로 내 집을 마련하는 방법은 다소 시간이 걸리더라도 정직하고 현실성 있는 방법이다.

내가 가입한 청약통장을 하나만으로도 시세보다 저렴하게 내 집을 마련할 수 있고 향후 매매 시 상당한 투자 수익도 기대할 수 있다.

신혼부부, 예비 신혼부부, 과거 집을 구매한 적이 없는 생애 최초 주택 구입자 등 각자의 상황에 맞는 방법과 방식을 알아보고 준비한다면 내 집 마련이 불가능하거나 많은 자금이 필요한 일이 아니다. 그 방법이 바로 공공분양주택이다. 공공임대주택과 다르게 집에 대한 소유권을 내가 가질 수 있기 때문에 더욱 매력적이다.

그렇다면 공공분양주택의 종류와 공급 방식 등을 구체적으로 알아보자.

🏠 주변 시세의 절반가로 내 집 마련 _ '공공분양주택'

공공분양주택은 국가나 지자체가 주택도시기금 등을 지원받아 건설하여 주변 시세보다 저렴하게 공급하는 주택으로, 분양받는 사람에게 소유권을 이전하는 공공분양주택이다. 무주택자와 신혼부부, 다자녀가구, 노부모부양, 국가유공자 등 정책적 배려가 필요한 사회계층의 주택 마련을 지원하기 위한 제도이다.

서울 기준 아파트 $85m^2$ 평균 분양가는 8억 원대이고, 강남은 15억 원대이다. 주로 $85m^2$ 이하의 국민주택으로 시세의 70% 이하로 공급하는 공공분양주택은 $85m^2$ 경우, 서울 기준 3~5억 원대로 일반분양 아파트에 절반에 가까운 가격이다. 그래서 '반값 아파트'라고 불리기도 한다.

언제쯤 내 집 마련이 가능할까? 아니 가능하기는 할까? 주택도시보증공사(HUG)의 자료에 따르면 2018년 11월 기준 서울 아파트 $3.3m^2$당 분양가는 평균 2,434만 7,400원이고 수도권은 $3.3m^2$당 1,645만 500원이라고 한다. 즉 서울 아파트 $59m^2$(전용 25평)의 경우, 약 6억 원이 넘고 $84m^2$(전용 34평)는 약 8억 원이 넘는다는 말이다. 그리고 서울 평균보다 두 배정도 높은 강남 지역은 12억 원에서 16억 원 정도 된다. 중요한 것은 앞으로 이 분양가는 계속해서 오를 것이다.

"소장님 '집포족'이 무슨 뜻인지 아세요?"

"글쎄요?"

'집포족'이란 내 집 마련을 포기한 젊은 세대를 지칭한다고 한다. 사실 이런 집 가격에 희망을 가지고 준비하는 청년들이 과연 있을까? 월평균 소득이 400만 원이라고 가정하고 서울 평균 $84m^2$ 8억 원짜리 집 사는 데 얼마나 걸릴까? 약 16년이 걸린다. 그것도 한 푼도 쓰지 않고 모았을 경우다. 절반은 생활비로 쓰고 200만 원을 모은다면 약 33년이 걸린다.

사실 '내 집 마련'이라는 목적으로 매월 200만 원씩 모으는 일도 쉽지 않을 것이다. 그렇다면 좀 더 현실적으로 100만 원씩 모은다면 어떨까? 약 66년이 걸린다. 30대 초반에 결혼한다면 100세 정도가 되어야 서울의 30평대 아파트 하나 장만할 수 있다는 이야기다.

물론, 소득 상승이나 재테크 방법에 따라 다르겠지만, 일반적으로 내 집 마련은 절대 쉽지 않은 일이 분명하다.

그런데 아이러니하게도 대한민국 직장인 10명 중 8명은 향후 내 집 마련 계획이 있다는 설문조사에 필자는 눈길이 갔다. '어렵고 힘들지만 그래도 포기하지는 않겠다'라는 의미가 아닌가 생각이 들었기 때문이다.

만일 내 집 마련에 걸리는 기간이 66년이 걸렸던 것이 33년으로 줄고, 33년이 걸렸던 것이 16년으로 줄고, 16년이 걸렸던 것이 8년으로 준다면 어떨까? 쉽게 말해서 서울의 아파트 $84m^2$를 8억 원의 반값인 4억 원에 분양한다면 말이다. 기적 같은 일이 아니다. 실제로 2018년 서울 구로구 항동지구의 공공분양아파트 $84m^2$ 평균 분양 금액이 약 4억 3천만 원이었고, $59m^2$는 약 3억 4천만 원이었다. 서울 평균 분양가의 절반에 가까운 금액이다. 한마디로 '착한 분양가'인 셈이다.

"공공분양은 신청 자격이 까다롭고 무주택자만 가능하잖아요?"

"저희는 소득이 높아 신청 자격도 안 됩니다."

공공분양주택은 기본적으로 무주택자만 신청이 가능하다. 하지만 $85m^2$를 초과하는 경우, 집을 소유하고 있더라도 신청 자격이 된다.

그런데 문제는 $85m^2$ 초과 공공분양주택은 거의 공급이 없다. 요즘 수도권 지역 $85m^2$ 이하 민영분양주택도 가점제 100%이기 때문에 사실상 무주택자만 당첨된다. 즉 공공분양주택뿐만 아니라 민영 분양주택도 무주택자가 당첨되는 구조다.

공공분양주택은 일반공급과 특별공급으로 구분하여 공급한다. 특별공급은 다자녀, 노부모 부양, 신혼부부, 생애 최초, 유공자, 기관 추천 대상자만 신청할 수 있고, 소득 기준과 자산 기준이 충족해야 한다. 특별공급에 해당하지 않는 무주택 세대 구성원은 일반공급 대상자가 된다. 일반공급 $60m^2$ 이하 주택은 특별공급과 동일하게 소득과 자산의 기준이 있지만 $60m^2$ 초과 주택은 소득과 자산 기준이 없다.

공공분양주택 소득 기준(LH공사)

▶ 2018년도 도시근로자 가구원 수별 가구당 월평균 소득 기준(4인 이상인 세대는 가구원 수별 가구당 월평균 소득을 말함)

(단위 : 원)

구분	소득 기준	3인 이하	4인	5인	6인	7인	8인
일반공급(전용 60㎡ 이하), 생애최초, 신혼부부(배우자소득이 없는 경우)	도시근로자 가구당 월평균 소득의 100%	5,401,814	6,165,202	6,699,865	7,348,891	7,997,917	8,646,943
노부모부양, 다자녀, 신혼부부(배우자 소득이 있는 경우)	도시근로자 가구당 월평균 소득의 120%	6,482,177	7,398,242	8,039,838	8,818,669	9,597,500	10,376,332

공공분양주택 자산 기준(LH공사)

▶ 부동산 및 자동차 소유에 관한 기준

적용대상	자산 보유 기준
다자녀, 노부모부양, 신혼부부, 생애최초 특별공급 및 전용 59㎡ 일반공급	• 부동산(토지+건물) : 215,500,000원 이하 • 사회보장정보시스템을 통해 조사된 해당 세대가 소유하고 있는 모든 부동산 가액
	• 자동차 : 28,500,000원 이하 • 보건복지부장관이 정하는 차량 기준 가액

만일 맞벌이 신혼부부가 소득 120% 구간(월 6,482,177원)을 초과한다면 일반공급 $60m^2$ 초과 주택에 신청하면 된다. 하지만 청약통장 가입 2년 이상 24회 이상 납입한 조건(청약조정대상지역 기준)은 충족되어야 하고 청약통장 납입 금액이 많아야 사실상 당첨에 유리하다.

"청약통장에 얼마 정도의 금액이 있으면 당첨될까요?"

공공분양주택 일반공급 당첨자 선정 기준을 간략히 알아보자. 우선 1순위 조건은 청약종합저축통장(청약저축통장 포함)에 가입하여 2년이 경과하고 매월 약정 납입일에 월 납입 금액을 24회 이상 납입한 경우가 1순위 조건이고, 그렇지 않을 경우 2순위 조건이 된다. 1순위 내 경쟁 시는 3년 이상 무주택 세대 구성원으로서 청약종합저축통장(청약저축통장 포함) 총 납입 금액이 많은 순으로 당첨된다.

여기서 총 납입 금액이란 매월 약정 납입일에 10만 원까지 납입한 금액의 총액을 말한다. 예를 들어 매월 10만 원씩 10년을 납입했다면 총 납입 금액이 1,200만 원이 된다. 만일 1회에 300만 원을 일시금으로 예치한다면 그중 10만 원만 인정되고 290만 원은 인정되지 않는다.

금번 구로항동지구 공공분양주택 일반공급 당첨 커트라인 금액을 보면 최소 1,300~1,700만 원에서 당첨됐다. 수도권 지역은 지역마다 다르지만 평균 1,300~1,500만 원 이상 금액이 있어야 당첨될 가능성이 있다고 본다. 좀 더 구체적인 특별공급 당첨자 기준은 뒤에서 자세히 설명하겠다.

공공분양주택 일반공급 선정 기준(LH공사)

순위	순위별 자격 요건
1순위	다음의 요건을 모두 충족하신 분 • 청약저축 또는 주택청약종합저축에 가입하여 2년이 경과하고 매월 약정 납입일에 월 납입금을 24회 납입하였을 것 • 세대주일 것 • 무주택 세대 구성원으로서 과거 5년 이내 무주택 세대 구성원 전원이 다른 주택의 당첨자가 되지 아니하였을 것
2순위	1순위에 해당되지 아니하는 분으로, 청약저축 또는 주택청약종합저축에 가입한 분에 한함 ※ 2순위도 당첨 시 계약 체결 여부와 상관없이 당첨자로 명단 관리되며, 통장 사용 불가

※ 1순위 내 동일 지역 경쟁 시 당첨자 선정 순차

> 가. 3년 이상의 기간 무주택 세대 구성원으로서 저축 총액(청약저축 및 주택청약종합저축 매월 최대 10만 원까지만 인정)이 많은 분
> 나. 저축 총액이 많은 분

🏔 한번 살아보고 시세보다 저렴하게 분양받는다
_ '10년 공공임대주택'

'10년 공공임대주택'은 국민주택기금이나 재정 지원을 받아 주택공사, 지자체(지방공사), 민간 건설사가 공급하는 임대아파트로 임대 기간은 5년에서 10년이다. 임대 기간이 만료되면 임차인이 분양 전환 당시의 감정 평가로 분양가를 지불하고 해당 아파트 소유권을 넘겨받을 수 있는 우선권을 가진다. 또한, 임차인은 분양 전환하지 않고 퇴거할 경우 무주택을 인정받는다.

'10년 공공임대주택'은 최초 임대 방식으로 거주한 뒤 분양 전환되는 방식으로 임대 거주 시 보증금과 월임대료를 지불한다. 수도권 $59m^2$ 경우 보증금 최대 전환 시 보증금 1억 원 초반대와 월 20만 원 정도의 임대료를 내면서 최장 10년간 거주하고 분양받을 수 있다는 장점이 있다.

2017년 통계청 기준으로 우리나라 혼인 건수는 26만여 건이라고 한다. 이마저도 매해 줄고 있는 상황이다. 그렇다면 이혼 건수는 어떨까? 무려 10만여 건으로 혼인 건수 대비 40%에 해당하는 수치다. 이혼의 가장 큰 이유는 '성격 차이'가 1위, '경제적 문제'가 2위, 그밖에 '가정불화' 등의 이유가 있다. 그래서인지 유럽 등 다른 나라에서는 혼인 전에 상당한 기간 동거를 해보고 혼인을 한다고 한다.

필자가 뜬금없이 '이혼율'을 언급하는 이유가 궁금하지 않은가? 연인들이 혼인 전 동거하는 것처럼 집도 '한번 살아보고 구매를 결정한다면 좋지 않을까?'라는 생각 때문이다. 일단 살아봐야 그 집의 장단점을 파악할 수 있고 본인의 이직 또는 직업의 변화, 가족 구성원의 변화 등에 따라 충분히 검토하고 집을 구매한다면 후회나 실패를 줄일 수 있다.

이런 생각을 하는 분이나 공감하는 분이라면 '10년 공공임대주택'을 주목해야 한다. 일단 10년간 임대로 거주하고 10년 후 입주자가 분양받을지 말지를 선택할 수 있다. 분양을 받지 않고 그냥 퇴거해도 불이익이 없다.

또 다른 특징은 큰 자금 없이도 최소 방 2~3개가 있는 평수의 아파트에 거주할 수 있다는 것이다. 수도권 기준으로 $59m^2$형 평균 보증금은 5~7천만 원, 월 임대료는 40~50만 원 정도 된다. 여기에 보증금을 최대 전환할 경우 보증금 1억 원 초반대에 월 임대료는 20만 원 정도 된다. 10년 공공임대주택의 신청 자격은 공공분양주택과 동일하다.

10년 공공임대주택 보증금 및 월 임대료(LH공사)

〈하남 미사 A4〉 (단위 : 천 원)

블록	주택형	타입	최대 추가납부 가능 보증금액	보증금 최대 추가납부 시 월임대료 차감액	보증금 최대 추가납부 시 임대보증금	보증금 최대 추가납부 시 월임대료
	059.9600A	59A	56,000	280	111,900	190
	074.9600A	74A	80,000	400	164,200	270
A4	084.9600A	84A	88,000	440	188,200	300
	084.9600B	84B	88,000	440	188,200	300
	084.9400C	84C	88,000	440	188,200	300

〈고양 향동 S1〉

블록	주택형	타입	최대 추가납부 가능 보증금액	보증금 최대 추가납부 시 월임대료 차감액	보증금 최대 추가납부 시 임대보증금	보증금 최대 추가납부 시 월임대료
	51.9600A	51A	49,000	245	103,500	165
	59.9200A	59A	56,000	280	123,000	190
S-1	59.5900B	59B	56,000	280	123,000	190
	74.9000A	74A	72,000	360	166,000	240
	74.4900B	74B	72,000	360	166,000	240
	74.4600A	74A	72,000	360	166,000	240
S-2	74.3800A	74B	72,000	360	166,000	240
	84.1500A	84A	80,000	400	191,000	270

"소장님 보증금은 저렴한데 월 임대료가 아까워요."

"월 임대료를 나중에 돌려받을 수 있나요?"

이처럼 공공주택 강연을 하다보면 10년 공공임대주택의 매월 내는 임대료에 대한 수강생들의 질문이 많다. 대부분 임대료 내는 것을 아까워하고 분양 전환할 경우 돌려받을 수 있는지 궁금해한다. 답은 '안 된다'이다. 보증금은 최대 전환 기준에 명시된 한도까지만 전환되고 더 이상의 전환은 불가능하다. 또한 납입한 월 임대료는 반환이 불가하다.

만일 공공임대주택이 아닌 집주인이 있는 일반주택에 반전세로 거주하고 있고 매월 20만 원의 월세를 지불한다고 하자. 2년 계약 기간 만료 후 다른 집으로 이사 갈 경우 2년간 지불한 월세를 돌려받을 수 있을까? 이와 같이 10년 공공임대주택에 임대로 거주하는 동안은 집주인이 국가이고 LH공사라고 생각하면 답은 간단하다.

"소장님, 10년 후에 분양가가 얼마나 될까요?"

"소장님, 분양가는 어떻게 책정되나요?"

강연에서 이런 질문도 많이 받는데, 분양가 산정이 정말 궁금할 것이고 궁금해야 할 사항이라고 생각한다. 분양가 산정은 10년 후 분양 시점의 감정 평가 100%로 결정된다. 감정 평가는 일반적으로 주변 시세 대비 80%에서 85% 선으로 산정된다. 만일 10년 후 주변 시세가 5억 원이라고 가정한다면 분양가는 4억 원 초반대라고 볼 수 있다. 그런데 문제는 10년 후 주변 시세가 너무 많이 오를 경우다.

과거 경기도 성남시 판교신도시 10년 공공임대주택 $85m^2$의 경우 평균 보증금은 2억 원 정도였는데 2018년 기준, 판교 지역의 $85m^2$ 시세는 약 12억 원 정도 된다. 그렇다면 감정 평가로 산정한 10년 공공임대주택의 분양가는 9~10억 원 정도로 예상된다. 최초 보증금 2억 원을 포함하고도 7~8억 원 정도 추가 자금이 있어야 살고 있는 집을 분양받을 수 있다는 말이다.

일반 급여 소득자가 10년 동안 안 쓰고 안 먹고 모아도 7~8억 원을 모을 수 있을까? 필자는 '어림도 없는 소리'라고 생각한다. 판교뿐만 아니라 전국 10년 공공임대주택 입주자는 이 문제로 연합회를 결성하고 국가와 LH공사 측과 현실적인 분양 전환 방식을 논의하고 있지만, 여전히 합의가 어려운 상태다.

10년 공공임대 문제점 사진(전국 LH중소형 10년 공공임대아파트 연합회)

어쨌든 국가가 무주택 서민을 위한 내 집 마련의 기회를 제공하기 위해 도입한 만큼 기존의 취지를 담은 현실적인 해결 방법을 제시해야 할 것이다. 그리고 향후 10년 공공임대주택에 입주를 희망하는 분이라면 적어도 이런 경우의 수를 생각해서 미리 대비해두는 것이 중요하다. 10년간 저렴하게 거주하면서 집 값이 오를 것을 대비한 경제적 준비를 해두는 것이 올바른 대안이다. 오히려 필자는 10년 공공임대주택의 경우, 분양보다는 10년만 거주한다는 생각으로 입주하고 살면서 또 다른 공공주택을 준비하는 전략으로 내 집 마련을 실현하길 추천한다.

🏠 예비부부와 신혼부부의 주거 희망 _ '신혼희망타운'

신혼희망타운은 육아 및 보육을 비롯한 신혼부부의 수요를 반영해 건설하고 전량을 신혼부부 또는 예비 신혼부부에게 공급하는 '신혼부부 특화형 공공주택'이다. 신혼희망타운은 국공립 어린이집, 공동 육아방, 실내 놀이터 등 각종 육아 시설을 갖추고 있다.

신혼희망타운 분양형의 경우, 주변 시세의 70% 이하로 공급되며 고정 금리 1.3% 저리로 집값의 최대 70%까지 최장 30년간 지원하기 때문에 전매제한과 거주 기간이 의무화되어 있다. 신혼희망타운 중 첫 번째 물량으로 공급한 '위례 신혼희망타운' 55㎡ 분양가의 경우, 평균 4억 원 초·중반대로 주변 시세인 8~9억 원보다 매우 저렴하게 공급했다.

예비 신혼부부가 결혼하려면 얼마의 돈이 필요할까? 사람마다 천차만별이겠지만, 한 웨딩전문업체가 조사한 '2017 신혼부부 결혼 비용 실태보고서'에 따르면 평균 2억 6천만 원 정도가 결혼 비용으로 든다고 한다. 필자도 10년 전에 결혼했지만 "나도 결혼 비용이 저렇게 많이 들었나?"라는 생각이 들 만큼 결혼하려면 많은 돈이 필요하다.

물론 평균 2억 6천만 원이라는 비용에는 신혼집이 포함되어 있고 그중 집을 구하는 데만 1억 8천만 원이 든다고 한다. 전체 비용 중 약 70%에 해당하는 금액이다. 그런데 수도권 지역 특히 서울 지역에서 1억 8천만 원으로 마음 편하게 신혼집을 구할 수 있을까?

오히려 대출을 더 받아서 집을 구해야 할 것이다. 그런데 필자가 실제로 만난 예비 신혼부부들의 경우 2억 6천만 원은커녕 평균 1억 원 정도를 결혼 자금으로 준비하는 경우가 많았다.

"아무래도 결혼을 미뤄야겠어요."

"집이 있어야 결혼 날짜를 잡을 수 있을 것 같아요."

이런 상황의 예비 신혼부부가 있다면 필자는 이제 이런 말을 하고 싶다.

"더 이상 결혼을 미루지 않아도 됩니다. 적은 돈으로도 신혼집을 구할 수 있어요."

필자가 소리 높여 이런 말을 하는 까닭은 바로 신혼희망타운 때문이다. 이번 문재인 정부에서 주변 시세보다 아주 저렴하게 예비 신혼부부와 신혼부부만 입주할 수 있는 '신혼희망타운'을 2023년까지 총 15만 호 공급하겠다고 약속했다.

그렇다면 신혼희망타운은 얼마나 저렴할까? 다시 '위례 신혼희망타운'의 공급가를 예로 들어 보겠다. 우선 위례신도시의 $50m^2$~$59m^2$형의 매매 시세는 8~9억 원대, 전세는 4억 원 정도이고 월세는 보증금 1억 원에 월 100~120만 원 선이다.

위례신도시 아파트 시세(네이버 부동산)

거래	확인일자	매물명	면적(㎡) ∨	동 ∨	층	매물가(K만원)
매매	확인매물 19.03.22.	송파위례24단지꿈에그린 [N] 세안고 매매 현재 월세있음	82A1/59	2411동	저/21	**95,000** 한경부동산
매매	확인매물 19.03.22.	송파위례24단지꿈에그린 [N] 실매물,급매,세안고	103A/75	2408동	저/12	**90,000** 부동산뱅크
매매	확인매물 19.03.22.	송파위례24단지꿈에그린 [N] 세안고 매매 현전세들어있음 너무 좋은…	70B/51	2406동	고/15	**78,000** 한경부동산
매매	확인매물 19.03.22.	송파위례24단지꿈에그린 [N] 학교 앞 귀한 급매매	103A1/75	2409동	저/21	**90,000** 부동산뱅크

그런데 '위례 신혼희망타운' $46m^2$형 경우 35,000~37,300만 원이고, $55m^2$형 경우 41,800~44,500만 원이다. 시세 대비 최대 50%가량 저렴하지만, 금수저 신혼부부가 아니라면 평균 4억 원이라는 금액도 신혼부부에게는 부담이 되는 돈이다.

위례 신혼희망타운 46㎡A, 55㎡A 공급가(LH공사)

(단위 : 만 원)

타입	층별	타입별	주택가격	계약금 10%	1차 중도금 10%	1차 중도금 10%	잔금
				계약시	('20.01.22)	('10.11.23)	입주 시
46A	1층	기본형	350,860	35,086	35,080	35,080	245,614
		마이너스옵션	333,870	33,387	33,380	33,380	233,723
	2층	기본형	354,590	35,459	35,450	35,450	248,231
		마이너스옵션	337,600	33,760	33,760	33,760	236,320
	3층	기본형	362,060	36,206	36,200	36,200	253,454
		마이너스옵션	345,070	34,507	34,500	34,500	241,563
	4층	기본형	369,520	36,952	36,950	36,950	258,668
		마이너스옵션	352,530	35,253	35,250	35,250	246,777
	5층 ~최상층	기본형	373,260	37,326	37,320	37,320	261,294
		마이너스옵션	356,270	35,627	35,620	35,620	249,403
55A	1층	기본형	418,450	41,845	41,840	41,840	292,925
		마이너스옵션	398,650	39,865	39,860	39,860	279,065
	2층	기본형	422,910	42,291	42,290	42,290	296,039
		마이너스옵션	403,110	40,311	40,310	40,310	282,179
	3층	기본형	431,810	43,181	43,180	43,180	302,269
		마이너스옵션	412,010	41,201	41,200	41,200	288,409
	4층	기본형	440,710	44,071	44,070	44,070	308,499
		마이너스옵션	420,910	42,091	42,090	42,090	294,639
	5층 ~최상층	기본형	445,170	44,517	44,510	44,510	311,633
		마이너스옵션	425,370	42,537	42,530	42,530	297,773

하지만 입주자로 선정되면 계약금 10%와 중도금 1차 10%, 2차 10%를 합한 분양가의 30% 정도를 입주자가 부담하고 나머지 70% 는 신혼희망타운 전용 모기지 대출을 받을 수 있다. 5층 이상 기본 형 기준으로 46㎡형은 약 1억 1천만 원, 55㎡형은 1억 3천만 원이

면 내 집 마련이 가능한 것이다. 대출금도 1.3% 고정 금리로 최장 30년간 대출해준다. 대한민국 신혼부부라면 신혼희망타운에 꼭 도전해보기를 바란다.

신혼희망타운은 지역별 물량 배정 기준에 따라 해당 주택 건설지역 1년 이상 거주자에게 30%를 배정하고 경기도 1년 이상 거주자에게 20%, 수도권 거주자에게 50%를 배정한다.

1. 신혼희망타운 공급 방식

앞서 말한 것처럼 신혼희망타운에는 분양형과 임대형이 있다. 그렇다면 임대형을 선택할지, 분양형을 선택할지 신혼부부라면 고민되지 않을까?

"분양형과 임대형 중 어떤 것을 신청하실 건가요?"

"당연히 분양형이죠."

"왜요?"

"분양을 받으면 내 집이 되는 거고, 나중에 시세 차익도 클 테니까요."

필자가 물어본 신혼부부 열이면 열 다 분양형을 신청하겠다고 말했다. 내 집이라는 자부심을 가질 수 있고 향후 시세 차익을 기대할 수 있어서 임대형보다 분양형이 더 좋다고 생각한 것이다. 하지만 필자의 생각은 다르다.

우선 분양형은 '로또 아파트'라고 불릴 정도로 저렴하게 공급함에 따라 향후 과도한 시세 차익을 안겨준다는 여론의 비난이 있어서 시세 차익을 환수하는 제도가 있다. 즉 집값이 오른 만큼 최초 분양가를 뺀 금액을 매도자와 국가가 나눈다는 말이다. 또한 '수익공유형 모기지 대출'을 의무적으로 받아야 하고 대출 기간과 자녀 수 그리고 매도 기간 대비하여 최고 50%에서 최저 10%까지 환수 조건이 있다.

그렇다면 위례신도시의 약 10~20년 후 시세는 어떻게 될까? 아파트 가격이 매년 1.5%씩 상승하면 20년 후 약 10억 4천만 원 정도 계산이 나오지만, 필자의 생각은 계산과 상관없이 교통 및 인프라가 완료되면 10억 원 이상이 될 가능성이 매우 높다고 판단된다. 만일 10년 안에 자녀가 없는 상태에서 집을 매도할 경우, 시세 차익 약 5억 원 중 50%인 2억 5천만 원이 환수될 수 있다는 말이다. 시세의 70% 이하로 분양하는 신혼희망타운은 전매제한 8년과 의무 거주 기간 5년이 있다는 것도 기억해야 한다.

수익공유형 모기지 대출 환수 조건표(LH공사)

대출기간 (년)	대출 70% 실행 시			대출 50% 실행 시			대출 30% 실행 시		
	자녀 0	자녀 1	자녀 2	자녀 0	자녀 1	자녀 2	자녀 0	자녀 1	자녀 2
1~9	50%	40%	30%	40%	30%	20%	30%	20%	10%
14	40%	30%	20%	30%	20%	10%	20%	15%	10%
19	30%	20%	10%	20%	15%	10%	20%	15%	10%
24 이상	20%	15%	10%	20%	15%	10%	20%	15%	10%

※ 정산 비율이 30%인 경우, 매각차익(매도가격−분양가격)의 30%를 기금이 회수
※ 세부 내용은 주택도시기금(nhuf.molit.go.kr)홈페이지의 '개인상품' 확인

"그런데 소장님, 임대형은 왠지 불안해요."

"나중에 퇴거하면 또 어디로 가야 하나요?"

임대형을 선택하려는 분들은 퇴거 후 주거가 불안할 것 같다는 말을 많이 한다. 물론 불안할 것이다. 엄연히 말하면 거주하는 동안 다음 집에 대한 아무런 준비가 없다면 당연히 불안할 수밖에 없다. 임대형을 선택한다면 사는 동안 다음 주거에 대한 계획이 반드시 있어야 한다. 사실 집은 변하지 않는다. 그래서 '부동산'이라고 불리지 않는가? 다만 그곳에 거주하는 사람이 변할 뿐이다.

분양형에 당첨되었다고 가정하자. 한 집에서 아무런 변화 없이 20~30년간 쭉 거주할 가능성이 얼마나 될까? 매우 낮다. 그것도 이제 막 결혼한 신혼부부가 말이다. 임신, 출산, 양육 그리고 교육 등 자녀로 인한 변화뿐만 아니라 이직, 퇴사 등 본인과 배우자의 직업 변화로도 충분히 이사의 변수가 생길 가능성이 있다.

결혼하고 10년 전후가 인생에서 가장 많은 변화가 있는 시기이다. 이러한 변화에 능동적으로 대처하려면 현재 집을 보유한 분양형 거주자보다 무주택을 유지한 임대형 거주자가 더 유리할 수 있다.

2. 신혼희망타운 자격 요건

"저희는 맞벌이라 소득 초과로 자격이 안 돼요."

"청약통장이 반드시 있어야 하나요?"

"한부모가족도 신청할 수 있나요?"

신혼희망타운의 자격 요건은 어떻게 될까? 먼저 혼인 7년 이내인 무주택 신혼부부와 예비 신혼부부가 신청 대상자다. 그리고 만 6세 이하 자녀를 둔 한부모가족도 신청할 수 있다. 소득 기준은 맞벌이 부부의 경우, 도시근로자 평균 소득의 130% 이하(3인 이하 기준 월 7,022,358원)이고 외벌이 부부는 120%(3인 이하 기준 월 6,482,177원) 이하여야 한다. 사실 맞벌이 신혼부부 중에 소득 합산 월 700만 원을 현저히 초과하는 경우도 많다. 그래서 적지 않은 불만이 있지만 이 경우는 한 사람이 퇴사하여 소득을 줄이는 것 외에 마땅한 방법이 없다.

"두 분이 아무리 열심히 돈을 모아도 서울에서 집 못삽니다. 돈 버는 속도보다 집값이 올라가는 속도가 훨씬 빠르기 때문입니다."

"퇴사를 정말 진지하게 고민해야 할 것 같네요."

실제로 필자와 상담했던 맞벌이 신혼부부 중 소득 초과로 자격이 되지 않자 부부가 고심 끝에 한 사람이 퇴사한 경우도 종종 있었다. 정말 어려운 결정이지만 당장의 소득 증가보다 집이 우선이라 판단했을 것이다. 사실 당첨되고 입주 후에 다시 일하거나 재취업을 해도 상관없다. 주거가 안정된 이후 일은 그래도 즐겁지 아니할까?

그리고 신혼희망타운의 자격 요건 중 하나는 부동산, 자동차, 금융 자산 등 일반 자산의 총합계가 2억 9,400만 원을 초과하면 안 된다. 다만, 총자산에서 부채는 제외된다. 또한, 주택청약종합저축(청약저축 포함) 가입 후 6개월 경과하고 6회 이상 납입한 사실이 있어야 한다.

신혼희망타운 분양형 자격 요건(LH공사)

구분		내용
기본 자격	1. 신혼부부	**혼인 기간이 7년** 이내인 무주택 세대 구성원
	2. 예비 신혼부부	**공고일로부터 1년 이내에 혼인 사실을 증명**할 수 있는(혼인으로 구성될 세대 전부 무주택)
	3. 한부모가족	**6세 이하의 자녀**가 있는 무주택 세대 구성원(자녀의 부 또는 모로 한정함)
세대 공통 자격	입주 기준	입주할 때까지 무주택 세대 구성원일 것
	주택청약종합저축	가입 **6개월** 경과, 납입 인정 횟수 **6회** 이상(청약저축 포함)
	소득 기준	**전년도 가구당 도시근로자 월평균 소득 120%**(3인 기준, 월 648만 원 수준) 이하 (배우자 소득 있을 시 130%, 3인 기준 월 702만 원 수준 이하)
	총자산 기준	294,000천 원 이하(2019년 적용 기준)
	전용 모기지 가입 기준	주택 가격이 총자산 기준을 초과하는 주택을 공급받은 입주 예정자는 입주할 때까지 '신혼희망타운 전용 주택담보 장기대출상품(수익 공유형 모기지)'에 주택 가격의 최소 30% 이상 가입할 것

구분	내용	
	행복주택	국민임대
기본 자격 1. 신혼부부	혼인 합산 기간이 7년 이내인 무주택 세대 구성원	혼인 기간이 7년 이내인 무주택 세대 구성원
2. 예비 신혼부부	혼인 합산 기간이 7년 이내이며 입주 전까지 혼인 사실을 증명 할 수 있는 (혼인으로 구성될 세 대 구성원 모두 무주택) 분	입주 전까지 혼인 사실을 증명 할 수 있는 (세대 구성원 모두 무 주택) 분
3. 한부모가족	6세 이하의 자녀가 있는 무주택 세대 구성원	
세부 공통 자격 주택청약 종합저축	본인 또는 배우자 중 1인이 입주 전까지 가입 사실 증명	(전용 50㎡ 이상 주택에 한함) 가입 6개월 경과, 납입 인정 횟 수 6회 이상
소득 기준	전년도 가구당 월평균 소득 도 시근로자 100% 이하	전년도 가구당 월평균 소득 도시 근로자 70% 이하
총자산 기준	280,000천원 이하 (2019년 적용 기준)	

3. 신혼희망타운 입주자 선정 기준

"저희는 예비 신혼부부인데 아무래도 불리하지 않을까요?"

"당첨 확률을 높이는 방법에는 뭐가 있을까요?"

신혼희망타운의 분양형 입주자 선정은 1단계 가점제와 2단계 가 점제로 나누어진다.

1단계 가점제는 전체 공급 물량 중 30%가 우선 배정되고 예비 신혼부부와 혼인 2년 이내 신혼부부, 만 2세 이하 자녀를 둔 한부 모가족이 신청 대상자가 된다. (1) 가구 소득, (2) 해당 시·도 연속 거주 기간, (3) 청약통장 납입 인정 횟수를 포함해 (1)+(2)+(3) 합산

한 점수가 높은 순으로 당첨자를 선정하는 방식이다. 동일 점수의 경우에는 추첨에 의해 결정된다.

신혼희망타운 1단계 가점표(LH공사)

1단계 : 30%			
혼인 2년 이내 신혼부부, 예비 신혼부부 및 만 2세 이하(만 3세 미만을 말함) 자녀를 둔 한부모가족에게 가점제로 우선공급			
가점항목	평가요소	점수	비고
(1) 가구 소득	① 70% 이하 ② 70% 초과 100% 이하 ③ 100% 초과	3 2 1	(예비)배우자 소득이 있는 경우 80% 이하 (예비)배우자 소득이 있는 경우 80%~110% (예비)배우자 소득이 있는 경우 110% 초과
(2) 해당 시·도 연속 거주 기간	① 2년 이상 ② 1년 이상 2년 미만 ③ 1년 미만	3 2 1	시는 특별시·광역시·특별자치시 기준이고, 도는 도·특별자치도 기준
(3) 주택청약 종합저축 납입 인정 횟수	① 24회 이상 ② 12회 이상 23회 이하 ③ 6회 이상 11회 이하	3 2 1	입주자저축 가입 확인서 기준

1단계 가점제에서 3가지 가점 항목 모두 3점을 받으면 총 9점으로 만점을 받게 된다. 인기 있는 신혼희망타운 지역은 만점자가 대거 나올 수밖에 없는 구조라고 본다. (2)번 항목 해당 시·도 연속 거주 기간과 (3)번 항목 청약통장 24회 이상 납입의 경우 신청자 대부분이 3점을 받을 것으로 예상되지만, (1)번 항목 가구 소득에서는 신혼부부나 예비 신혼부부의 경우 근로소득자라면 3점을 받기가 쉽지 않을 것이다. 더구나 맞벌이라면 2점조차 받기 힘들다.

하지만 맞벌이라도 부부 중 한 사람이 사업소득자인 경우는 3점도 가능한 점수라고 본다. 그 이유는 사업소득자는 근로소득자와 다르게 사업 소득의 세금 신고 대상 금액이 소득으로 인정되기 때문에 소득이 적게 잡힌다.

아래 표는 앞서 설명한 1단계 가점표를 계산한 것의 예이다.

신혼희망타운 1단계 가점표 표시 예

1단계 : 30%			
혼인 2년 이내 신혼부부, 예비 신혼부부 및 만 2세 이하(만 3세 미만을 말함) 자녀를 둔 한부모가족에게 가점제로 우선공급			
가점항목	평가요소	점수	비고
(1) 가구 소득	① 70% 이하 ② 70% 초과 100% 이하 ③ 100% 초과	3 2 1	(예비)배우자 소득이 있는 경우 80% 이하 (예비)배우자 소득이 있는 경우 80%~110% (예비)배우자 소득이 있는 경우 110% 초과
(2) 해당 시·도 연속 거주 기간	① 2년 이상 ② 1년 이상 2년 미만 ③ 1년 미만	3 2 1	시는 특별시·광역시·특별자치시 기준이고, 도는 도·특별자치도 기준
(3) 주택청약 종합저축 납입 인정 횟수	① 24회 이상 ② 12회 이상 23회 이하 ③ 6회 이상 11회 이하	3 2 1	입주자저축 가입 확인서 기준

나의 점수는? 총 9점

2단계 가점제는 전체 물량의 70%이고 1단계 탈락자와 혼인 7년 이내 신혼부부, 만 6세 이하 자녀를 둔 한부모가족이 신청 대상자가 된다. (1) 가구 소득, (2) 무주택 기간, (3) 해당 시·도 연속 거주

기간, (4) 청약통장 납입 인정 횟수 등 (1)+(2)+(3)+(4)의 합산 점수가 높은 순으로 당첨자를 선정한다. 그리고 1단계 가점제와 마찬가지로 동일 점수 시 추첨으로 결정된다.

신혼희망타운 2단계 가점표(LH공사)

2단계 : 70%			
1단계 낙첨자, 혼인 2년 초과 7년 이내 신혼부부 및 3세 이상 6세 이하(만 3세 이상, 만 7세 미만을 말함) 자녀를 둔 한부모가족에게 가점제 공급			
가점항목	평가요소	점수	비고
(1) 미성년 자녀 수	① 3명 이상 ② 2명 ③ 1명	3 2 1	태아(입양) 포함
(2) 무주택 기간	① 3년 이상 ② 1년 이상 3년 미만 ③ 1년 미만	3 2 1	만 30세 이후의 기간으로 하되, 그 전에 혼인한 경우 혼인 신고일로부터 공고일 현재까지 세대 구성원(예비 신혼부부는 혼인으로 구성될 세대를 말함) 전원이 무주택인 기간으로 산정
(3) 해당 시·도 연속 거주기간	① 2년 이상 ② 1년 이상 2년 미만 ③ 1년 미만	3 2 1	시는 특별시·광역시·특별자치시 기준이고, 도는 도·특별자치도 기준
(3) 주택청약 종합저축 납입 인정 횟수	① 24회 이상 ② 12회 이상 23회 이하 ③ 6회 이상 11회 이하	3 2 1	입주자저축 가입 확인서 기준

2단계 가점제는 1단계 가점제의 (1)번 항목이었던 '가구 소득'이 없다. 하지만 미성년 자녀 수와 무주택 기간이 추가된다. 모두 4개 항목으로 총 12점이 만점이다. 2단계 가점제에서는 만점자가 드물다. 그 이유는 혼인 7년 이내에 미성년 자녀가 3명인 경우가 흔치

않기 때문이다. 그래서 자녀 2명을 기준으로 한 11점이 경쟁력 있는 가점이라 판단된다.

아래 표는 앞서 설명한 2단계 가점표를 계산한 것의 예이다.

신혼희망타운 2단계 가점표 표시 예

2단계 : 70%			
1단계 낙첨자, 혼인 2년 초과 7년 이내 신혼부부 및 3세 이상 6세 이하(만 3세 이상 만 7세 미만을 말함) 자녀를 둔 한부모가족에게 가점제 공급			
가점항목	평가요소	점수	비고
(1) 미성년 자녀 수	① 3명 이상 ② 2명 ③ 1명	③ 2 1	태아(입양) 포함
(2) 무주택 기간	① 3년 이상 ② 1년 이상 3년 미만 ③ 1년 미만	③ 2 1	만 30세 이후의 기간으로 하되, 그 전에 혼인한 경우 혼인 신고일로부터 공고일 현재까지 세대 구성원(예비 신혼부부는 혼인으로 구성될 세대를 말함) 전원이 무주택인 기간으로 산정
(3) 해당 시·도 연속 거주기간	① 2년 이상 ② 1년 이상 2년 미만 ③ 1년 미만	③ 2 1	시는 특별시·광역시·특별자치시 기준이고, 도는 도·특별자치도 기준
(3) 주택청약 종합저축 납입 인정 횟수	① 24회 이상 ② 12회 이상 23회 이하 ③ 6회 이상 11회 이하	③ 2 1	입주자저축 가입 확인서 기준

나의 점수는? 총12점

행복주택 임대형의 경우, 신청자·배우자의 거주지와 소득 근거지를 기준으로 하여 1, 2순위를 나눈다. 동일한 조건이라면 추첨으로 당첨자를 선정한다. 반면, 국민임대로 공급되는 임대형의 1순위는 자녀를 출산하거나 임신한 것에 가점을 두어 당첨자를 선정한다.

임대형 당첨자 선정 방식 비교(LH공사)

구분	내용	
	행복주택	국민임대
1순위	신청자 본인 또는 배우자의 거주지나 소득 근거지가 해당 주택 건설 지역 또는 연접 지역인 분께 추첨제로 공급	혼인 기간 중 자녀를 출산(임신·입양 포함)하여 자녀(태아 포함, 미성년자로 한정)가 있는 분께 가점제로 공급
2순위	신청자 본인 또는 배우자의 거주지나 소득 근거지가 해당 주택 건설 지역이 동일 광역권으로 제1순위에 해당되지 않는 분께 추첨제로 공급	제1순위에 해당되지 않는 분께 가점제로 공급
3순위	제1순위 및 제2순위에 해당되지 않는 분께 추첨제로 공급	해당 없음
임대 조건	주변 전세 시세 대비 80%	주변 전세 시세 대비 60~80%
거주 기간	자녀가 없는 경우 6년, 자녀가 있는 경우 10년	

신혼희망타운 공급 예정 지역을 보면 당첨 커트라인은 입지나 선호도에 따라 다르겠지만 서울권 지역은 (수서 역세권, 개포 재건마을, 양원, 고덕 강일, 성동구치소[송파], 은평 재정비) 단계별 만점자가 많을 것으로 예상된다. 하지만 총 3,538세대를 공급하는 고덕 강일지구과 810세대를 공급하는 은평의 경우는 만점이 아니더라도 당첨의 기회가 있을 것으로 보인다.

수도권 지역은 선호도에 따라 커트라인이 들쑥날쑥할 것으로 예상되지만 수서 역세권, 고양 지축, 과천 지식, 과천 주암, 김포 고촌, 고양 장항, 성남(금토, 서현, 복정, 신촌), 광명 하안 지역에서는 만점자가 대거 나올 것으로 예상된다.

신혼희망타운 공급 예정 지역(국토교통부)

구분	2018년	2019년	2020년	2021년	2022년	2023년 이후
합계 (80,439)	1,399	10,522	15,100	25,207	19,371	8,840
수도권 (59,757)	1,399	6,468	12,646	16,327	16,786	6,131
서울 (6,428)		2/4분기 서울양원(405) 4/4분기 수서역세권(635)	4/4분기 고덕강일 (3,538)	성동구치소 (700)	은평재정비 (810) 개포동재건마을 (340)	* 이탈릭체는 서울시 제안
경기 (49,391)	(12월) 위례(508) (12월)평택고덕① (891)	3/4분기 화성동탄2① (1,171) 고양지축①(750) 남양주별내(383) 시흥장현①(964) 하남감일(510) 4/4분기 파주운정3(799) 파주와동(370) 화성봉담2(481)	1/4분기 양주회천(696) 2/4분기 고양지축2(607) 의정부고산(900) 화성동탄2② (1,554) 3/4분기 시흥장현(598) 4/4분기 과천지식(545) 부천괴안(356) 부천원종(540) 수원당수①(911) 의왕고천(899) 김포고촌2(273) 의왕초평(689) 화성능동(340)	고양장항(1,312) 과천주암①(816) 수원당수②(1,011) 용인언남(458) 평택고덕②(600) 남양주진접②① (1,500) 부천원종②(400) 군포대야미①(550) 구리갈매역세권 (1,600) 의왕월암①(700) 성남금토①(800) 성남복정①(700) 성남서현①(740) 화성어천①(500) 시흥거모①(1,000) 광명하안2① (500호) 의왕청계①(300호) 성남신촌(300호) 시흥하중① (500호) 의정부우정① (600호	과천주암②(640) 김포고촌(541) 남양주진건(1,814) 포천송우2(940) 남양주진접2② (1,653) 군포대야미② (1,250) 구리갈매역세권② (1,000) 의왕월암2(650) 성남금토②(908) 성남복정2(845) 성남서현②(760) 화성어천②(435) 시흥거모2(1,300) 광명하안2② (500호) 의왕청계2② (300호) 시흥하중② (400호) 의정부우정② (600호)	군포대야미③(886) 구리갈매역세권③ (995) 의왕월암③ (667) 성남복정1③(800) 시흥거모③(485) 광명하안2(400호)
인천 (3,938)			3/4분기 인천논현2(200)	인천가정2① (740)	인천가정2② (500) 검암 역세권① (600호)	인천가정2③ (498) 검암 역세권② (1,400호)

08

공공분양 당첨
가능성부터 파악하라

    공공분양주택 당첨을 목표로 한다면 우선 본인이 특별공급 대상자인지부터 확인해야 한다. 그 이유는 특별공급이 아닌 일반공급 방식으로 당첨되기 위해서는 지역마다 차이는 있지만 최소 12~15년 이상 유지한 청약통장과 청약통장에 상당한 금액이 있어야 하기 때문이다.

    하지만 특별공급 대상자는 일반공급 대상자와 다르게 청약통장 가입 기간이 경우에 따라 최소 6개월에서 2년 정도만 유지하면 자격이 주어진다. 납입 금액 또한 일반공급 방식처럼 당첨에 절대적인 영향을 주지 않는다.

특별공급 대상자임에도 불구하고 본인이 특별공급 대상자라는 것을 몰라서 일반공급으로 신청해 탈락하는 경우도 발생한다. 그렇기 때문에 특별공급 대상 자격을 꼼꼼하게 확인할 필요가 있다.

그렇다면 특별공급 방식에는 무엇이 있고 자격 요건은 어떻게 되는지를 이 장에서 확인해보자.

🔍 지금까지 집을 산 적이 없다면 '생애최초 특별공급'

'생애최초 특별공급'은 입주자 모집 공고일 현재 세대 구성원 전원이 과거 주택을 구입한 사실이 없는 경우를 말한다. 공공분양주택과 10년 공공임대주택 등 공공분양주택에만 해당하며, 민영분양주택에 생애최초 특별공급은 없다. 만일 혼인 전 주택을 소유했던 사실이 있다면 생애최초 특별공급 자격이 안 된다. 또한, 과거 5년 이내 신청자 본인과 신청 당시 세대 구성원이 분양 아파트에 당첨이 되었고, 계약을 하지 않았더라도 재당첨 제한에 걸려 자격이 안 된다는 것을 유념해야 한다.

주택청약종합저축(청약저축)에 가입하여 2년이 지나고 24회 이상 납입하고 저축액이 선납금을 포함하여 총 600만 원 이상이 납입되어 있어야 한다. 신청자는 혼인 중이거나 아직 결혼하지 않은 미혼인 자녀가 동일한 주민등록등본상에 있어야 한다. 그리고 생애최초 특별공급 신청자는 세대주이어야 되고 입주자 모집 공고일을 기준으로 과거 1년 이내 소득세를 납부한 사실이 있어야 하며 통상 5년 이상 소득세를 납부한 사실이 있어야 자격이 된다. 여기서 소득세란 근로소득 또는 사업소득에 해당하는 소득을 말하며 소득공제, 세액공제, 세액감면 등으로 소득세 납부 의무액이 없는 경우도 포함된다.

또한, 생애최초 특별공급 신청자는 도시근로자 가구당 월평균 소득 기준의 100% 이하에 해당해야 하고 자산 기준과 자동차 보유 기준이 충족되어야 한다. 경쟁이 있을 경우에는 추첨으로 당첨자를 선정한다.

생애최초 특별공급 신청 자격(LH공사)

생애최초 특별공급
1. 공고일 현재 생애 최초로 주택을 구입하는 무주택 세대 구성원 중 세대주
2. 공고일 현재 청약종합저축(청약저축)에 가입하여 2년이 경과되고 24회 이상 납입하고 저축액이 선납금을 포함하여 600만 원 이상인 분
3. 공고일 현재 혼인(재혼) 중이거나 미혼인 자녀가 있는 분
4. 공고일 현재 근로자 또는 자영업자 중 과거 1년 내에 소득세를 납부한 분으로서 신청자 본인이 5년 이상 소득세를 납부한 분
5. 공고일 현재 부동산 및 자동차 소유에 관한 자산 보유 기준을 충족한 분
6. 공고일 현재 해당 세대의 도시근로자 가구당 월평균 소득이 100% 이하인 분

🏠 혼인 7년 이내 신혼부부라면 '신혼부부 특별공급'

신혼부부 특별공급은 입주자 모집 공고일 현재 혼인 신고일 기준으로 7년 이내이고 무주택 세대 구성원이 자격이다. 그리고 신청자가 세대주이든 세대원이든 상관없이 신청이 가능하다. 또한 혼인을 계획 중인 예비 신혼부부도 신청할 수 있지만 당첨자로 선정될 경우, 해당 주택에 입주 전까지는 혼인 신고를 해야 하는 조건이 있다. 만일 혼인 신고서를 미제출할 경우, 계약 해지와 더불어 입주를 못하게 된다는 것을 유념하자.

주택청약종합저축(청약저축)에 가입하여 6개월이 경과하고 6회 이상 납입해야 한다. 청약통장 납입 금액은 상관없다. 소득 기준은 도시근로자 가구당 월평균 소득 기준의 100% 이하 조건이지만 맞벌이인 경우는 120%까지 신청 가능하다. 이 경우 부부 중 1인의 소득이 100% 기준을 초과해서는 안 된다. 하지만 신혼희망타운 분양형 경우는 외벌이 120%, 맞벌이 130% 구간으로 공공분양이나 10년 공공임대보다 소득 기준이 다소 높다.

신혼부부 특별공급
1. 공고일 현재 혼인 7년 이내 신혼부부인 무주택 세대 구성원 또는 입주 전까지 혼인 사실을 증명할 수 있는 무주택 예비 신혼부부
2. 공고일 현재 청약종합저축(청약저축)에 가입하여 6개월이 경과되고 6회 이상 납입 하신 분
3. 공고일 현재 부동산 및 자동차 소유에 관한 자산 보유 기준을 충족하신 분
4. 공고일 현재 해당 세대의 도시근로자 가구당 월평균 소득이 100% 이하인 분 (맞벌이 120% 이하, 단 부부 중 1인이 100%를 초과하지 않아야 됨)

당첨자 선정 시 1순위 조건은 혼인 7년 이내 자녀 출산 또는 임신하여 미성년 자녀가 있는 경우이고, 2순위 조건은 1순위 조건에 해당하지 않는 경우다. 여기서 입양도 자녀로 인정되고 만일 임신 후 유산 또는 낙태한 경우에는 관련 진단서를 제출하면 된다.

가점이 높은 순서로 당첨자를 선정하고 동일 점수면 추첨으로 당첨자를 선정한다. 뒷장에서 소개할 신혼부부 특별공급 가점표의 가~마 가점 항목 합산 총 13점 만점을 기준으로 하지만, '나' 항목의 미성년 자녀가 3명 이상은 드물기 때문에 총 12점을 기준으로 해도 무방하다. 가점 중 '마' 항목 혼인 기간에서 3년 이하는 3점, 3년 초과 5년 이하는 2점, 5년 초과 7년 이내는 1점을 받게 되는데 혼인 기간이 짧으면 짧을수록 높은 점수를 받는다. 그래서 가급적 임신하거나 출산 이후 혼인 신고를 하는 것이 당첨에 유리하다고 볼 수 있다.

신혼부부 특별공급 가점표(LH공사)

항목	기준	비고
가. 가구 소득	해당 세대의 월평균 소득이 전년도 도시근로자 가구당 월평균 소득의 80%(배우자가 소득이 있는 경우 100%) 이하인 경우 : 1점	
나. 자녀의 수	3명 이상 : 3점 2명 : 2점 1명 : 1점	미성년인 자녀(태아 포함)
다. 해당 주택 건설 지역 연속 거주 기간	3년 이상 : 3점 1년 이상 3년 미만 : 2점 1년 미만 : 1점	주택이 건설되는 특별시·광역시·특별자치시·특별자치도 또는 시·군의 행정구역
라. 주택청약종합저축 납입 횟수	24회 이상 : 3점 12회 이상 24회 미만 : 2점 6회 이상 12회 미만 : 1점	
마. 혼인 기간	3년 이하 : 3점 3년 초과 5년 이하 : 2점 5년 초과 7년 이하 : 1점	예비 신혼부부는 제외

🏠 부모님을 부양하고 있다면 '노부모부양 특별공급'

만 65세 이상의 노부모를 부양하고 있다면 노부모부양 특별공급으로 신청할 수 있다. 입주자 모집 공고일을 기준으로 신청자 본인 또는 배우자의 직계 존속(노부모)을 동일한 주민등록등본상에 3년 이상 계속해서 부양하고 있는 조건이다. 세대 구성원 전원이 무주택이어야 하고 부양하지 않는 피부양 직계 존속도 무주택자이어야 된다. 만일 만 65세 이상의 무주택자인 어머니를 부양하더라도 세대 분리가 되고 부양하지 않는 아버지 또한 무주택자가 되어야 신청 자격이 된다. 즉 노부모 두 분 모두 무주택자이어야 한다.

세대 구성원 중 세대주만 신청이 가능하고 주택청약종합저축(청약저축)에 가입하여 2년이 경과하고 24회 이상 납입해야 한다. 또한, 과거 5년 이내 신청자 본인과 세대 구성원 전원이 다른 분양주택에 당첨된 사실이 없어야 된다. 소득 기준은 도시근로자 가구당 월평균 소득 기준의 120% 이하에 해당해야 하고 자산 기준과 자동차 보유 기준이 충족해야 한다. 경쟁이 있을 경우에는 일반공급과 동일하게 청약통장 납입 금액이 많은 순으로 당첨자를 선정한다.

노부모부양 특별공급 신청 자격(LH공사)

노부모부양 특별공급
1. 공고일 현재 만 65세 이상의 직계존속을 3년 이상 계속하여 부양하고 있는 무주택 세대 구성원 중 세대주
2. 공고일 현재 청약종합저축(청약저축)에 가입하여 2년이 경과되고 24회 이상 납입한 분
3. 공고일 현재 부동산 및 자동차 소유에 관한 자산 보유 기준을 충족한 분
4. 공고일 현재 해당 세대의 도시근로자 가구당 월평균 소득이 120% 이하인 분

미성년 자녀가 3명 이상이라면 '다자녀 특별공급'

입주자 모집 공고일 기준으로 만 19세 미만 미성년 자녀 3명 이상을 둔 무주택 세대 구성원인 경우는 다자녀가구 특별공급으로 신청 가능하다. 세대원도 신청할 수 있고 임신 중인 태아와 입양한 경우도 관련 서류를 제출하면 미성년 자녀로 인정된다. 주택청약종합 저축(청약저축)에 가입하여 6개월이 경과하고 6회 이상 납입해야 한다. 소득 기준은 도시근로자 가구당 월평균 소득 기준의 120% 이하에 해당되어야 하고 자산 기준과 자동차 보유 기준이 충족되어야 한다. 경쟁이 있을 경우에는 가점이 높은 순서로 당첨자를 선정하고 동일 점수면 미성년 자녀가 많은 순으로 당첨자를 선정한다. 만일 미성년 자녀 수도 동일한 경우이면 신청자의 연령(생년월일)이 많은 순으로 선정된다.

다자녀가구 특별공급 신청 자격(LH공사)

다자녀가구 특별공급
1. 공고일 현재 만 19세 미만 3명 이상의 자녀를 둔 무주택 세대 구성원
2. 공고일 현재 청약종합저축(청약저축)에 가입하여 6개월이 경과되고 6회 이상 납입한 분
3. 공고일 현재 부동산 및 자동차 소유에 관한 자산 보유 기준을 충족한 분
4. 공고일 현재 해당 세대의 도시근로자 가구당 월평균 소득이 120% 이하인 분

가점은 6개 항목을 기준으로 하고 총 100점이 만점이다. 오른쪽 표에서 (2)번 항목의 영유아 자녀 수 조건은 만 6세 미만을 기준으로 하고 (4)번 항목 무주택 기간 산정은 신청자 본인 및 배우자

가 만 19세가 되는 날부터 주택을 소유하지 않은 기간을 기준으로 한다. (5)번 항목 해당 시·도 거주기간은 신청자가 해당 지역에 만 19세부터 계속하여 거주한 기간을 말한다.

다자녀 특별공급 가점표(LH공사)

배점표				
평점요소	총 배정	배점기준		비고
		기준	점수	
계	100			
미성년 자녀 수 (1)	40	5명 이상	40	자녀(태아나 입양아를 포함한다. 이하 이 표에서 같다)는 입주자모집공고일 현재 미성년자인 경우만 포함
		4명	35	
		3명	30	
영유아 자녀 수 (2)	15	3명 이상	15	영유아(태아, 입양아 포함)는 입주자 모집 공고일 현재 만6세 미만의 자녀
		2명	10	
		1명	5	
세대 구성 (3)	5	3세대 이상	5	공급신청자와 직계존속(배우자의 직계존속을 포함하며 무주택자로 한정)이 입주자 모집공고일 현재로부터 과거 3년 이상 계속하여 동일 주민등록표 등본에 등재
		한부모가족	5	공급신청자가 「한부모가족지원법 시행규칙」 제3조에 따라 여성가족부 장관이 정하는 한부모가족으로 5년이 경과된 자
무주택 기간 (4)	20	10년 이상	20	배우자의 직계존속(공급신청자 또는 배우자와 동일 주민등록표등본에 등재된 경우에 한정)도 무주택자이어야 하며, 무주택 기간은 공급신청자 및 배우자의 무주택 기간을 산정
		5년 이상 10년 미만	15	
		1년 이상 5년 미만	10	
해당 시·도 거주 기간 (5)	15	10년 이상	15	공급신청자가 해당 지역에 입주자모집공고일 현재까지 계속하여 거주한 기간 * 시는 광역시·특별자치시 기준이고, 도는 도 특별자치도 기준이며, **수도권의 경우 서울·경기·인천지역 전체를 해당 시도로 본다.**
		5년 이상 10년 미만	10	
		1년 이상 5년 미만	5	
입주자 저축 가입 기간 (6)	5	10년 이상	5	입주자모집공고일 현재 공급신청자의 가입기간을 기준으로 하며 입주자저축의 종류, 금액, 가입자 명의 변경을 한 경우에도 최초 가입일 기준으로 산정

09

공공분양
당첨 확률을 높이는 방법

💬 당첨 전략1. 자녀가 없다면
신혼희망타운 1단계 우선공급을 노려라

신혼부부계층이 공공분양주택이나 분양 전환이 되는 방식의 주택에 신청할 경우, 임신했거나 출산한 자녀가 있어야만 당첨에 절대적으로 유리하다. 임신하지 않았거나 자녀가 없다면 당첨될 가능성이 매우 낮다고 보면 된다. 예비 신혼부부 또한 그렇다.

　주거가 안정되어야 자녀 계획을 비로소 준비할 수 있다는 점에 필자는 동감한다. 만일 임신하지 않았거나 자녀가 없는 신혼부부

계층은 무조건 신혼희망타운을 노려야 한다.

신혼희망타운은 1단계 우선공급과 2단계 잔여공급으로 나누어지는데 여기서 1단계 대상자는 예비 신혼부부와 혼인 2년 이내 신혼부부가 해당한다. 2단계 대상자는 혼인 2년 초과 7년 이내 신혼부부가 해당한다.

그런데 왜 자녀가 없는 혼인 2년 이내 신혼부부는 1단계 신청이 유리할까? 그 이유는 경쟁 시 가점이 높은 사람이 당첨되는데 1단계의 가점 항목에는 '미성년 자녀 수'가 없기 때문이다. 하지만 2단계 가점 항목에는 '미성년 자녀 수'가 있고 최대 3점이 부여된다. 즉 임신하지 않았거나 자녀가 없는 신혼부부는 2단계 방식에서는 당첨될 가능성이 현저히 낮다. 또한, 혼인 2년이 초과하고 임신하지 않았거나 자녀가 없는 신혼부부는 미달되지 않는 한 당첨될 가능성이 없다.

물론 공공분양주택이나 10년 공공임대주택에도 혼인 7년 이내 신혼부부와 예비 신혼부부가 신혼부부 특별공급으로 신청할 수 있다. 하지만 신혼희망타운과 다르게 임신하지 않았거나 자녀가 없는 경우는 2순위 자격이 된다. 이 또한 미달 사태가 발생하지 않는 한 2순위자가 당첨될 가능성은 전혀 없다.

그렇기 때문에 예비 신혼부부와 혼인 2년 이내 자녀가 없는 신혼부부는 반드시 신혼희망타운 1단계 우선공급을 노려야 된다. 신혼희망타운은 전체 공급 물량 중 1단계 대상자에게 30%를 우선으로 공급하고 나머지 70%를 1단계 탈락자와 2단계 대상자에게 공급하는 방식이다.

🔍 당첨 전략2. 신혼부부는 가입이 늦은 청약통장부터 사용하라

신혼부부 두 사람 모두 청약통장에 가입했고 내 집 마련을 위해 공공분양주택이나 신혼희망타운을 신청한다면 두 사람 중 청약통장 가입이 늦은 것부터 사용하는 것이 좋다. 왜 가입이 늦은 청약통장부터 사용해야 할까?

신혼부부계층의 분양 방식의 경우 청약통장 기준이 대부분 6회 이상 납입 조건이다. 또는 청약통장 가점항목 기준도 24회 납입 조건도 있다.

만일 부부 중 한 사람은 청약통장이 10년 정도 됐고 나머지 한 사람은 2년 정도 되었다고 가정하자. 그리고 10년 경과된 청약통장을 사용해서 당첨되었다고 가정하자. 당첨이 무척 반가울 것이다. 그런데 만일 10년짜리가 아닌 2년짜리 청약통장을 사용하더라도 동일하게 당첨자로 선정될 수 있다면 어떨까?

'당첨되었으면 그만 아닌가?'라고 말한다면 분명 후회할 것이라고 필자는 확신한다. 그 이유는 당첨된 신혼집에서 평생 거주할 가능성이 낮기 때문이다. 몇 년이 지나고 다음 집에 대한 갈망이 생기면 그때는 당첨 가능성이 더욱 희박해진다.

청약통장은 분양 방식의 공공주택에 당첨자로 선정되면 계약 여부와 상관없이 일단 청약통장이 소멸한다. 즉 사용하지 못하는 청약통장이 되는 것이다.

그런데 만일 10년짜리를 아껴 두었다면 신혼부부 기간이 지난 후라도 공공분양주택 일반공급 방식으로 지원할 경우 당첨될 가능성이 2년짜리 청약통장보다 매우 높다. 즉 지금의 집에 만족하지 말고 다음 집까지 염두에 두는 지혜가 필요하다. 이것은 필자가 앞에서 설명한 주거 로드맵과 같은 말이다. 다만, 행복주택 등의 임대 방식은 청약통장이 필요하지만 사용했다고 해서 소멸되지 않는다는 것을 기억하자.

🏠 당첨 전략3. 희망하는 지역에 최소 1년 이상 거주하라

공공분양주택이나 10년 공공임대주택의 경우, '지역 우선 공급 물량 배정 기준'이라는 제도가 있다. 즉 해당 공급 지역 거주자를 우선해준다는 것이다. 보통의 경우 해당 지역 거주자 30%, 경기도 거주자 20%, 수도권 거주자 50%를 배정한다. 예를 들어 경기도 성남시에 주택을 공급한다면 공고일 현재 성남시에 1년 이상 거주자에게 전체 물량 중 30%를 배정하고 성남시를 제외한 경기도 지역에 1년 이상 거주자에게 20%를 배정한다. 나머지 50%는 경기도 지역 1년 이하 거주자와 서울시, 인천시 거주자에게 배정된다. 신혼부부·생애최초·노부모부양 특별공급 대상자와 일반공급 대상자가 해당한다. 다자녀 특별공급의 경우는 해당 지역 1년 이상 거주자에게 전체 물량의 50%까지 배정된다.

그런데 왜 해당 지역 거주자가 당첨에 유리한 것일까? 만일 성남시 1년 이상의 거주자가 30% 우선 배정에서 탈락하면 20% 물량의 경기도 1년 이상의 거주자와 다시 경쟁하며, 그래도 탈락할 경우 나머지 50% 물량의 수도권 거주자와 다시 경쟁하게 된다. 이렇게 총 세 번의 기회가 주어진다. 반면 경기도 거주자는 두 번, 서울시와 인천시 거주자는 한 번의 기회밖에 없다. 현재 희망하는 지역에 1년 이상 거주하고 있다면 문제가 없지만, 현재 거주지와 희망지역이 다른 경우라면 거주지 이전을 고민해야 할 것이다. 모집 공고일 기준으로 1년 이상이며 등본상 주소지를 기준한다는 것도 기억해야 한다.

🏠 당첨 전략4. 소득이 초과한다면 추가/예비자 모집을 노려라

공공주택 자격 요건 중 소득 기준은 항상 적용된다. 소득 기준에 초과하는 사람은 공공주택이 그림의 떡일 수밖에 없다. 특히 맞벌이 가정이나 예비 신혼부부의 경우, 소득 초과로 지원조차 할 수 없다면 무척 아쉬울 것이다. 소득이 높다고 해서 반드시 자산도 많다는 것은 아니기 때문이다. 그렇다면 소득 초과자가 공공주택을 신청하는 방법은 전혀 없을까?

공공주택이라도 공급 방식에 따라 소득 기준이 전혀 없는 경우가 있다. 바로 추가 및 예비자 모집의 경우인데 주로 5년·10년 공공임대주택이나 50년 공공임대주택이 적용된다. 그런데 왜 추가나 예비자를 모집하는 것일까?

5년·10년 또는 50년 동안 임대로 거주한 후 분양 전환되는 방식인데 최초 당첨자가 부적격자로 당첨이 취소된 경우와 거주 기간 동안 퇴거할 경우 공가 세대가 발생한다. 이럴 경우에 대비하여 추가 및 예비자를 미리 선정해두는 방식이다. 소득 기준에 초과하는 맞벌이 가정 또는 신혼부부 그리고 미혼 1인 가구라면 관심을 가져야 한다.

최초 모집에서는 소득뿐만 아니라 자산이나 청약통장 기준까지 모두 적용해 당첨자를 선정하지만, 추가 및 예비자 모집 시에는 무주택 조건만 따지고 소득이나 자산 여부, 청약통장 여부는 기준으로 하지 않는다. 보통은 무작위 전산 추첨 방식으로 당첨자를 선정하는 경우가 많고 가끔 청약통장 기준만 적용하는 경우가 있다. 다만, 국민임대주택의 예비자 모집의 경우는 소득, 자산, 청약통장의 기준이 모두 적용된다는 것을 기억하자.

🏠 당첨 전략 5. 가점이 불리하면 비선호 조건으로 신청하라

(＊ 임대도 해당)

집이라는 것이 내가 희망하는 조건에 맞아야 비로소 편안함을 느낄 수 있다. 교통이 편리하다거나 환경이 쾌적하다거나 주변 시설이 잘 되어 있다거나 등은 주거지 선택에 있어 중요한 요소다. 하지만 이러한 조건은 나뿐만이 아니라 다른 사람들도 선호한다.

공공주택 종류 중 '재개발임대주택'은 서울 지역 여러 곳이 한꺼번에 공급되고 그중 한 곳만 신청해야 한다. 다른 지원자들의 신청 현황이 공개되지 않아서 신청자는 어디를 신청해야 당첨에 유리한지 알 수 없다. 꼭 당첨되고 싶다면 내게 유리한 곳을 찾기 전에 남들이 선호하는 조건이 무엇인지를 생각하고 반대로 지원하면 의외로 좋은 결과를 낼 수 있다.

필자가 생각하는 많은 이들의 선호 조건 중 첫 번째는 신축 아파트와 브랜드 아파트다. 두 번째는 공급 지역으로 강남 일대(강남구, 서초구, 송파구)와 강남 연접구(강동구, 동작구, 성동구, 용산구 등)가 인기가 많다. 세 번째는 지하철 노선에 따라 선호도가 다른데 지하철 2호선 라인이 특별하게 인기가 많다.

신청자가 남들보다 가점이 높다면 위에서 말한 선호하는 지역을 신청해도 무관하다. 하지만 가점이 상대적으로 낮다면 아무래도 선호 지역에 경쟁이 몰려 당첨될 가능성이 희박할 수밖에 없다.

필자가 말하는 당첨에 유리한 방법은 남들이 선호하는 조건의 반대로 신청하라는 것이다. 즉 신축과 브랜드 아파트는 일단 피하고 강남 일대와 지하철 2호선 라인 지역 또한 제외하라는 것이다. 남들이 선호하는 조건을 제외하고도 신청자가 희망하는 지역이 있다면 바로 그곳이 당첨에 유리한 곳이 될 수 있다. 그래 봤자 선호 지역보다 지하철 한 번 더 갈아타면 될 것이고 집에서 10분 일찍 나서면 된다고 생각하자. 그러면 남보다 집 고민이 줄어들 것이고 주거비 또한 현저히 줄어들 것이다.

Chapter 4

잘 키운 청약통장
강남아파트 안 부럽다!

10

청약통장
100% 활용하기

🏠 청약통장 잘 유지하면 10년간 모은 돈보다 더 많다?

통계청 '2017년 가계금융복지조사'에 의하면 대한민국 평균 가구
당 연소득은 5,010만 원이고, 서울 평균은 5,545만 원이다. 그렇다
면 현재 서울에 거주하는 사람이 서울에 아파트를 분양받는다면 어
느 정도의 시간이 걸릴까?

　연간 5,545만 원을 한 푼도 쓰지 않고 10년간 모은다면 약 6억
6천만 원 정도의 많은 돈을 모을 수 있다. 2017년 기준 서울 평균
신규 아파트 분양가는 3.3m^2당 2,213만 원이고, 84m^2형의 경우 분

양가는 약 7억 5천만 원 정도 된다. 12년 정도면 내 집 마련이 가능하다.

그런데 소위 강남이라는 곳에 분양을 받는다면 3.3m^2당 평균 4,500만 원을 기준으로 하면 84m^2형의 경우 15억 원이고, 약 27년 동안 모아야 가능하다. 그런데 서울 평균 연소득 중 절반만 모은다면 서울 지역은 24년 걸리고 강남 지역은 50년 이상이 걸린다.

물론 소득 상승으로 내 집 마련 기간이 더 단축될 수 있지만, 그간 집값 상승률을 고려하면 위의 계산보다 더 걸릴 수 있다. 평범한 사람이 평생을 뼈빠지게 일하고 모아도 서울에 아파트를 산다는 것은 불가능한 일일지도 모른다. 내 집 마련도 힘들고 포기할 마당에 청약통장을 장기간 유지하는 것 자체가 의미가 없다고 생각하는 사람들이 많다.

20세부터 34세까지 14년간 매월 10만 원씩 꾸준하게 청약통장을 납입하고 있는 미혼 직장인을 만났다. 28세에 대학교를 졸업하고 그해 중소기업에 취업해서 6년 동안 직장생활을 하고 있다. 현재 급여는 세후 300만 원을 받지만 신입 때는 200만 원도 안 됐다고 했다.

"매월 저축은 많이 하나요?"

"월 100만 원 정도는 적금하고 있어요."

"그동안 모은 돈은 얼마나 되나요?"

"약 8,000만 원 정도? 청약통장 1,700만 원을 포함해서요."

청약통장에 들어 있는 금액을 제하면 약 6천만 원 정도이고, 1년에 천만 원씩을 모은 셈이다. 그렇다면 1년에 천만 원씩 앞으로 10년간 모아도 1억 6,000만 원이다. 그때 나이 44세! 물론 결혼해서 맞벌이를 하면 더 많은 돈을 모을 수 있지만 과연 현상황에서 이분이 결혼을 생각할 수 있을까?

"결혼은 언제 하실 건가요?"

"집을 구할 돈이 있어야 결혼을 하죠. 아직 결혼은 꿈도 못 꿉니다."

그리고 지금보다 더 많이 저축해야 한다고 했다. 필자는 당신은 앞으로 10년간 모은 돈보다 더 많은 돈을 현재 보유하고 있다고 말했다. 그 이유는 14년간 꾸준히 납입하고 유지해온 청약통장이 있기 때문이다. 그분에게 신혼집을 구하는 것부터 내 집 마련까지 공공주택으로 가능하다고 이야기했다.

"혹시 행복주택을 들어보셨나요?"

"네, 들어보기는 했지만 신청은 안 해봤어요."

"신혼집은 행복주택으로 준비하는 것이 좋을 것 같아요. 현재 모은 돈으로도 충분히 가능할 것 같네요. 그리고 행복주택에 거주하는 동안 마음에 드는 지역의 공공분양주택을 신청하면 당첨될 가능성이 높아요."

"소장님, 제가 정말 당첨될까요?"

"네, 가능합니다. 14년 동안 너무나 잘 유지한 청약통장 덕분이죠."

정말 그렇다. 만일 이분이 행복주택에 당첨되서 신혼부부가 거주

가능한 최장 10년 동안 계속해서 청약통장에 10만 원씩 납입한다면 기존 1,700만 원에서 1,200만 원을 더한 2,900만 원이 된다. 이 정도의 청약통장 금액이면 서울을 비롯한 경기도 지역 어디라도 공공분양주택에 당첨될 가능성이 매우 높다고 필자는 확신한다.

"소장님의 이야기를 듣다보니 정말 희망이 생겨요. 고맙습니다."

그리고 그분은 그간 청약통장을 두 번 정도 깰 뻔했다며 안도의 한숨을 내쉬었다. 지금 생각하면 그때 청약통장을 해지하지 않은 게 정말 다행이라고 말했다. 단순히 청약통장에 납입된 돈만 보면 크게 보이지 않을 수 있다. 하지만 청약통장이 가진 앞으로의 활용 가치를 생각하면 수십 배의 차이가 있다는 것을 이 책을 읽고 있는 독자분들도 기억했으면 좋겠다.

🔍 내가 가입한 청약통장이 무엇인지 확인하자

"청약통장은 어디에 사용하는 것일까요?"

"그거야 아파트 분양 신청할 때 사용하는 것이잖아요."

청약통장을 어떤 목적으로 가입했고 어디에 사용한다는 것은 이미 많은 사람이 알고 있다.

"그럼 본인이 가입한 청약통장 종류가 무엇이고 어디에 사용하는지 정확히 알고 계시나요?"

이 질문에 정확하게 답변하는 사람은 생각보다 많지 않다. 내가 가입한 청약통장의 종류에 따라 신청할 수 있는 아파트도 다르고 청약통장을 유지하는 방법도 다르다. 먼저 청약통장 종류와 청약통장별 특징을 알아보도록 하자.

청약통장 종류

구분 \ 종류	청약저축	청약부금	청약예금	주택청약종합저축 (신설)
대상 지역	전국	시군지역(103곳)	시군지역(103곳)	전국
가입 대상	무주택세대주	20세 이상 개인	20세 이상 개인	전국민, 외국인 거주자
저축 방식	매월 일정액 불입	매월 일정액 불입	일시불 예치	일시불 예치 또는 일정액 불입
저축 금액	월 2~10만 원	월 5~50만 원	200 ~1,500만 원	월 2~50만 원
대상 주택	• 85㎡ 이하 공공기관 건설 주택 등 • 민간건설 기금 지원 중형주택	• 85㎡ 이하 민영주택 • 민간건설 기금 지원 중형주택	• 모든 민영주택 • 민간건설 기금 지원 중형주택	모든 주택

청약통장은 청약저축, 청약부금, 청약예금, 청약종합저축 등 4가지의 종류가 있다. 가입 대상이나 저축 방식, 월 납입 금액 등 청약통장별로 유지하는 방법이 각각 다르다. 또한 신청 대상 아파트도 청약통장별로 다르다는 것을 알아야 한다.

우선 청약저축은 $85m^2$ 이하의 공공분양주택에만 신청이 가능하다. 청약부금은 $85m^2$ 이하 민영아파트, 청약예금은 $85m^2$ 초과 공공 아파트 및 민영아파트 신청이 가능하다. 하지만 청약종합저축은 모든 아파트에서 신청이 가능해서 종합이라고 말하기도 한다. 참고로 2009년 5월 이후부터 청약통장을 개설했다면 모두 청약종합저축 통장이다.

청약통장 가입은 연령에 관계없이 국내 거주하는 모든 국민이라면 누구나 가입할 수 있고 외국인 거주자도 가입이 가능하다. 단, 1인 1계좌만 유지할 수 있다. 그리고 총 급여액이 7천만 원 이하인 무주택 세대주에게는 소득공제 혜택이 주어지고 전 금융 기관 통합하여 총 5천만 원까지 세제 혜택도 주어진다. 여러 면에서 참 쓸모 있는 청약통장임은 분명하지만 중요한 것은 어디에 어떻게 사용할 것인지에 대한 분명한 목표가 있어야 한다. 본인이 생각하는 내 집 마련의 방향에 따라 청약통장에 매월 얼마씩 언제까지 납입해야 하며 평형에 따라 예치금을 얼마를 둬야 하는지가 달라지기 때문이다.

민영아파트 신규 분양의 경우, 지역·평형별 예치금 기준을 확인하고 납입해야 한다.

청약 예치 금액 기준

■ 민영주택 청약 예치 기준 금액

거주 지역 전용 면적	서울·부산	기타 광역시	특별시 및 광역시를 제외한 시·군
85㎡ 이하	300만 원	250만 원	200만 원
102㎡ 이하	600만 원	400만 원	300만 원
135㎡ 이하	1,000만 원	700만 원	400만 원
모든 면적	1,000만 원	1,000만 원	500만 원

11

연금통장보다
청약통장이 더 필요한 이유

🏠 청약통장은 얼마씩 납입하는 것이 좋을까?

아파트투유에 따르면 2018년 7월 기준 우리나라 국민이 가입한 청약통장은 약 2천 400만 개나 된다. 우리나라 전체 인구의 절반 가까이 가입한 것이다. 그중 2009년 5월 6일 출시된 주택청약종합저축 통장 가입자의 통장 수가 2천 200만 개이고, 나머지 200만 개가 청약저축, 청약예금, 청약부금 가입자이다. 대다수 청약통장 가입자가 청약종합저축을 가입하고 있지만, 매달 납입하는 금액은 제각기 다르다.

필자의 강의에서 만난 청약통장 가입자의 경우, 매달 납입하는 금액을 기준으로 월 2만 원에서 5만 원을 납입한다는 분들이 가장 많았다. 그다음이 월 10만 원에서 20만 원을 납입하는 분들이었다. 월 50만 원씩 납입하거나 그냥 몇백만 원씩 넣어 두는 경우도 있었다.

사실상 청약통장의 납입 금액은 본인의 상황과 생각에 따라 납입 금액이 다를 수 있고 매달 정기적으로 납입할 의무도 없다. 그런데 만약 공공분양주택을 신청하거나 내 집 마련을 준비하는 사람이라면 매달 정기적으로 일정한 금액을 납입해야 한다. 여기서 필자가 말하는 일정한 납입 금액은 월 10만 원이다.

왜 월 10만 원일까? 청약 조정 대상 지역 공공분양주택 일반공급 1순위 조건을 보면 청약통장 가입 2년 경과 24회 이상 납입 조건(수도권 기준)인데 같은 순위 조건 시 선정 기준은 3년 이상의 기간 무주택 세대 구성원으로서 청약통장 저축 총액이 많은 사람 순으로 당첨자가 결정된다. 즉 납입 금액이 많으면 당첨에 유리하다.

그렇다면 청약종합통장은 매월 최저 2만 원에서 최대 50만 원까지 납입이 가능하니 최대 금액인 월 50만 원까지 납입하면 당첨에 절대적으로 유리한 것이 아니냐고 묻는 사람들이 많다. 그러나 매월 납입 금액 중 10만 원까지만 인정된다. 즉 매월 50만 원을 꼬박꼬박 납입해도 10만 원만 인정되고 나머지 40만 원은 그냥 예치만 된다는 것이다.

예를 들어 A는 월 50만 원씩 100회를 납입해서 총액이 5,000만 원이 됐고, B는 월 10만 원씩 100회를 납입해서 1,000만 원이 됐다. 같은 100회를 납입했고 A가 B보다 4,000만 원이나 더 많이 납입했지만, 결국은 B와 같은 금액인 1,000만 원만을 인정해준다는 뜻이다.

청약통장 매월 납입 금액 예시

A. 50만 원 × 100회 = 5,000만 원 → 인정 금액 1,000만 원
B. 10만 원 × 100회 = 1,000만 원 → 인정 금액 1,000만 원
C. 2만 원 × 100회 = 200만 원 → 인정 금액 200만 원

물론 월 10만 원 이상 납입하고 나머지 금액이 인정되지 않고 그냥 예치만 하더라도 자격과 당첨자 선정에는 아무런 문제는 없다. 하지만 효율적인 청약통장 관리와 자금 관리 차원에서 본다면 월 10만 원씩 납입하는 것이 바람직하다.

은행에서 말하는 1순위 자격이면 내 집 마련이 해결될까?

"소장님, 저는 이미 1순위 자격입니다."
"은행 상담 직원이 1순위라 더 이상 납입하지 말라고 했어요."

여기서 은행에서 말하는 1순위 자격은 무엇일까? 보통의 경우 청약통장에 가입하고 2년이 지나고 24회 이상 납입한 기준을 1순위라고 말한다. 좀 더 정확하게 말하면 2017년 9월 청약 제도 개편 이후 투기 지구 및 투기 과열 지구와 청약 조정 대상 지역에서는 위에서 말하는 2년 24회가 1순위 조건이 맞다.

하지만 청약 조정 대상 지역이 아닌 지역은 가입 1년 경과 12회 납입한 기준이 1순위 조건이 된다. 그리고 지역별 신청 평형별 예치금을 예치하면 보통 은행에서 말하는 민영분양아파트 1순위 조건이 된다.

만약 민영분양아파트가 아닌 공공분양아파트에 신청한다면 1순위 조건이 어떻게 될까? 정답은 동일하다. 즉 민영이나 공공이나 분양아파트 1순위 조건은 같다. 그런데 정확히 알아야 하는 하는 것이 있다. 신청 방식과 당첨자 선정 방식에 따라 청약통장을 유지하는 방법이 완전히 다르다는 것이다.

먼저 민영분양아파트의 경우는 가점제와 추첨제 방식으로 나뉘고 앞서 설명한 1순위 조건에 충족하면 신청 자격에 문제가 되지 않는다. 하지만 공공분양아파트 경우는 일반공급과 특별공급으로 신청 대상자를 구분하는데, 특별공급은 대상자별 청약통장 기준과 1순위 조건은 각각 다르지만, 일반공급의 경우는 1순위 조건 이후에는 청약통장 납입 금액이 많은 순으로 당첨된다. 그렇기 때문에 1순위 조건에 충족하더라도 계속해서 청약통장을 계속 유지해야 하고 매월 10만 원씩 납입해야 한다.

만일 공공분양아파트를 준비하는 사람이 은행 직원의 말대로 청약통장을 2년 24회 납입해서 1순위가 되고 난 후 납입을 중단했다면 공공분양아파트에 당첨될 가능성은 매우 희박하거나 없다고 생각된다.

단순히 청약 1순위 조건을 따지기보다 나에게 맞는 내 집 마련 플랜을 먼저 세운 후 조건과 방법을 준비하는 것이 맞다.

💬 연금통장보다 청약통장이 더 필요한 이유

안정된 노후 생활을 위한 조건 중 필수 요건이 바로 노후 자금이다. 그래서 사람들은 연금보험이나 연금저축, 연금펀드에 가입한다. 필자도 물론이고 대한민국에 소득이 있는 성인이라면 아마 연금 상품에 가입하고 매달 일정 금액을 납입하고 있을 것이다.

그런데 소득 대비 많은 금액을 연금으로 납입하는 것은 문제가된다. 그것도 매달 비싼 월세를 지불하거나 대출 이자를 상환하고있는 청년이나 신혼부부는 더욱 어려워질 수 있다.

필자가 상담한 30대 중반 맞벌이 신혼부부는 월 600만 원 소득 중 절반인 300만 원을 연금을 내고 있었다. 게다가 월세가 100만 원이라서 생활이 빠듯했다. 이 경우를 한마디로 말하면 노후에 '올인'한 것이다.

"혹시 연금으로 월 300만 원이나 내는 이유가 뭔가요?"

"노후에 편하게 지내고 싶어서 미리 준비하는 거예요."

그리고 65세 이후에 매달 150만 원씩 30년 동안 받을 수 있다고 자랑스럽게 말했다.

"아 그렇군요. 그럼 청약통장은 있나요?"

"제 것은 깼고요. 남편 청약통장은 있어요."

"본인 거는 왜 깼나요?"

"이리저리 나가는 게 많아서 깼어요."

"네, 노후에 매달 150만 원씩 받으면 생각만 해도 좋으시죠? 근데 연금 전액을 지금처럼 월세로 내게 된다면 어떨 것 같아요?"

"네?"

젊은 부부는 한동안 말이 없었다. 만약 필자가 그 부부라면 노후 연금을 위해 300만 원 내는 것보다 현재 살고 있는 오피스텔의 월세 100만 원을 줄이는 것을 고민했을 것이다. 그리고 청약통장도 절대 깨지 않았을 것이다. 만일 본인의 청약통장을 깨지 않았다면 신혼부부 특별공급 이후 공공분양 일반공급까지 향후 2번에 걸쳐 내 집 마련을 계획할 수 있었지만 안타깝게도 이 부부는 한 번의 기회만 남았다.

어떻게 보면 '편안한 노후'나 '내 집 마련'은 둘 다 중요하다. 하지만 필자는 평생 살면서 해야 하는 일들도 나름의 순서가 있다고 생각한다. 주거가 안정되지 않은 노후 생활이 마냥 편할 수만 없을 것이다. 이럴 경우 지금이라도 본인 명의의 청약통장에 재가입하고, 노후 자금 중 일부를 내 집 마련 자금으로 사용하는 것이 좋다.

12

청약통장에 대한
오해들

🐱 미납된 청약통장 어떻게 해야 할까?

청약통장은 적금이나 대출 상환금처럼 의무 납입 조건이 아니다. 즉 내도 되고 안 내도 그만이다. 이번 달에 미납했다고 은행에서 친절하게 문자나 전화를 주지 않는다. 그러다보니 다른 통장에 비해 신경을 쓰지 못해서 미납된 경우가 많다. 만약 내 청약통장이 미납되어 있다면 일단 미납 회차를 모두 납입하는 것이 좋다.

그 이유는 공공주택별 자격 요건이나 경쟁 시 가점에 큰 영향을 줄 수 있기 때문이다. 민간분양주택이나 공공분양주택의 일반적인

1순위 요건이 청약통장 가입 2년 24회 납입 조건(청약조정대상지역)이고 특별공급 신혼부부는 6개월 6회 이상 납입 조건이 있다. 행복주택의 신청 자격에는 청약통장이 없어도 당첨 후 가입해야 하는 조건이라 필수 가입 사항은 아니다. 하지만 경쟁 시 가점에서 청약통장 2년 24회 납입해야 최고 점수를 받게 된다.

그렇다고 해서 '에이~ 난 미납 중이지만 그래도 6회나 24회는 이미 넘었어'라고 생각하면 큰 오산이다. 경우에 따라 다른 공공주택을 도전하게 된다면 청약통장 납입 회차는 절대적으로 중요하다.

국민임대주택은 60회 이상 납입 조건이 최고 3점을 받고, 장기전세주택은 96회 이상 납입해야 최고 5점을 받게 된다. 이 같은 최고 점수를 받으려면 신청자의 나이가 50세가 넘거나 미성년 자녀가 최소 3명 최고 5명이 있어야 받을 수 있는 점수라 결코 무시할 수 없다.

그리고 현재 미납된 회차를 납입할 때 반드시 주의해야 할 사항이 있다. 만약 5년 전에 청약통장을 가입하고 매월 10만 원씩 납입하다가 현재 30회가 미납되어 있다고 가정해보자. 원래대로라면 60회에 600만 원이 정상이지만 중간에 미납되어 현재 30회 300만 원이 청약통장에 입금되어 있는 상황이다.

이럴 경우, 은행에 찾아가 미납 회차별 10만 원씩 총 300만 원을 납부하면 다시 60회를 인정받을 수 있다. 하지만 경우에 따라서는 31회차로만 인정받기도 한다. 은행원에게 분납 회차를 말하지 않은 경우다. 청약통장은 일시금도 예치할 수 있기 때문에 1회에 300만 원을 납입한 것이 되지 않도록 반드시 주의해야 한다.

그렇기 때문에 미납 회차를 납부할 경우에는 반드시 은행 상담 직원에게 미납 회차당 분납으로 납입한다는 것을 정확하게 설명해야 한다.

또한, 미납 회차 납입 이후 통장에 표기된 회차가 아닌 인정 회차를 꼭 확인해야 한다. 보통 미납된 회차의 지연 일수를 계산하여 미납 회차 중 30~40%가 즉시 인정되고 나머지 회차는 앞으로 납입하는 회차에 따라 인정 회차가 서서히 같아지는 구조이다.

따라서 미납 회차를 납입해야 한다면 인터넷 뱅킹보다 청약통장을 가입한 은행에 내방하여 상담 직원에게 미납금 분납 회차와 지연 일수 계산에 따른 인정 회차를 정확히 확인하는 것이 좋다. 무엇보다 청약통장은 반드시 월 10만 원씩 자동이체를 해두는 것이 마음이 편하다는 것을 기억하자.

🏠 당첨되면 청약통장을 깨도 될까?

청약통장은 1인 1계좌만 가입할 수 있다. 한 사람이 2개의 청약통장에 가입할 수 없다. 결혼했다면 부부 각자의 청약통장이 있어야 유연하게 내 집 마련을 준비할 수 있다. 물론 부부 중 한 사람만 청약통장을 가입하고 유지하고 있다고 해서 내 집 마련에 큰 문제 되는 것은 아니다.

지난 2012년 6월, 국민임대주택 신혼부부 우선공급으로 $49m^2$ 형에 당첨되어 기뻐했던 결혼 2년 차 신혼부부가 기억난다. 당시 15개월 된 자녀가 있었고 둘째를 임신한 상태라 당첨이 어렵지는 않았다. 남편 명의로는 청약통장이 없었고 아내 명의로는 2007년 가입한 청약저축통장이 있었지만, 국민임대주택 신혼부부 우선공급에는 청약통장 자격 기준이 없었다. 그런데 얼마 전 그 부부에게 연락이 왔다.

"소장님, 저희가 부모님 댁 근처로 이사를 하고 싶은데 방법이 없을까요?"

애들도 어느 정도 컸고 맞벌이를 하려고 하니 애들을 봐줄 수 있는 부모님 댁 근처로 이사를 하고 싶다는 것이었다. 물론 지금 평수보다 좀 더 넓은 집을 원한다고 했다.

이들 부부는 신혼부부 자격 기간인 7년이 지났지만, 일반공급으로 신청 자격이 되었고 무주택 기간과 해당 지역 거주 기간도 10년 이상 되니 좋은 조건이었다. 무엇보다 10년 이상 가입한 청약저축통장도 있고 하니 $59m^2$의 장기전세주택이나 공공분양주택 당첨에 유리한 상황이었다.

"본인 청약저축통장은 계속 납입을 잘하고 있죠?"

"소장님, 사실은 이 집 당첨되고 입주할 때 깼어요."

보증금 일부와 새 가전제품을 구입하려고 본인 청약통장을 깼다고 했다. 공공주택에 당첨이 되면 청약통장이 없어진다고 생각했기 때문이다. 결국 이 부부는 다음 집에 대한 기회를 무기한으로 미룰 수밖에 없었다. 현재 집에서 거주하면서 청약통장을 재가입하고 약 10년의 정도의 시간이 지나야만 기회가 다시 올 상황이 되고 만 것이다. 어떻게 보면 새 가전제품과 다음 집을 맞교환하게 됨 셈이다.

공공주택의 분양 방식이나 분양 전환되는 방식은 당첨된 사실로 청약통장이 소멸하지만, 임대 방식의 주택은 청약통장 조건이 있어도 납입 회차나 납입 금액을 확인만 하고 소멸하지 않는다. 그래서 상황에 따라 다른 공공주택으로 신청할 때 다시 사용할 수 있다.

만일 청약통장이 소멸하는 분양 방식의 주택에 당첨되더라도 향후 그 주택을 처분하고 일정 기간 무주택을 유지하면 다시 청약의 기회가 온다. 그때 그동안 사용하지 않았던 배우자의 청약통장을 사용하면 된다. 그래서 부부가 각각 청약통장이 있으면 첫 번째 집 이후 두 번째 집까지 계획할 수 있다. 물론 신청자 본인이 청약통장을 사용했더라도 빨리 재가입을 해서 납입 회차와 금액을 늘려나간다면 세 번째 집까지도 도모할 수 있다.

지금 당장의 주거 문제를 해결하는 것도 중요하지만, 다음 집 그 다음 집도 고려한 청약통장 활용 계획이 더 중요하다.

🏠 자녀 명의 청약통장 가입은 빠를수록 좋다?

청약통장은 본인이 필요를 느끼고 가입하는 경우도 있겠지만, 부모가 자녀의 청약통장을 만들어주는 경우가 의외로 많다. 부모 입장에서는 아무래도 우리 아이가 성인이 되고 내 집 마련을 준비할 때 오래전에 가입한 청약통장이 있으면 유리할 것이라고 생각했을 것이다. 사실 청약통장의 가입은 나이 제한도 없을뿐더러 태어나서 출생 신고 이후 1세부터 가능하다.

그렇게 부모님 덕에 가입했던 20~30대분들이 청약을 신청할 때 남들보다 유리하게 적용되는 경우가 실제로 많이 있었다. 그렇다보니 본인도 결혼하고 자녀가 생기면 자녀의 청약통장부터 가입하게 된다. 실제로 필자가 만난 신혼부부 중 절반 정도는 출산 후 자녀 명의 청약통장을 이미 가입하고 있었다. 하지만 미성년 자녀의 청약통장 가입은 무조건 빠르다고 해서 좋다고 볼 수 없다. 미성년 자녀의 청약통장에 가입한 부모에게 물어봤다.

"혹시 자녀의 청약통장은 왜 가입하셨나요?"

보통 세 가지의 이유로 가입했다고 한다.

첫째, "우리 아이가 커서 내 집 마련을 할 때 유리할 것 같아서요."

둘째, "다른 통장보다 이자가 더 많으니까요."

셋째, "적금통장처럼 그때그때 세뱃돈을 넣어주려고요."

필자도 두 아이를 키우는 입장이라 두 번째, 세 번째 이유는 어느 정도 공감하고 그럴 수 있다고 생각한다. 그런데 문제는 첫 번째 이유다. 미성년자일 때 오랫동안 가입한 청약통장이 성인이 되어서 반드시 유리한 것은 아니다.

주택청약종합저축 통장의 경우, 만 19세 이전 입금분은 최대 2년 24회만 인정해준다는 규정이 있다. 예를 들어 만 1세부터 청약통장에 가입해서 만 19세까지 총 19년을 꼬박꼬박 납입했더라도 실제 청약 시에는 고작 2년만 인정해주고 나머지 17년 동안 납입한 금액은 인정해주지 않는다. 1세부터 가입하지 않았더라도 미성년 자녀는 청약통장 가입을 서두를 필요가 없다는 말이다.

필자가 생각하는 가장 좋은 시점은 만 17세부터 가입하는 것이다. 왜냐하면 앞서 이야기한 것처럼 만 19세 이전 납입은 2년만 인정해주기 때문이다.

만약 만 17세 이전에 청약통장에 가입하고 이미 24회 이상 납입했다면 청약통장을 없애기보다 납입을 중단하는 것이 좋다. 다른 통장에 자녀의 교육 자금 등 다른 목적으로 저축하고 만 19세부터 다시 청약통장에 납입하는 것이 현명한 방법이 아닐까 생각한다.

그리고 청약통장은 세제 혜택, 소득공제 등 여러 가지 많은 혜택이 있지만, 그냥 딱 하나만 생각했으면 한다. 청약통장은 내 집 마련을 위하여 가입하고 유지하는 통장이라는 것을 말이다.

🏠 부모님의 청약통장 명의 변경 가능할까?

왜 부모님의 청약통장까지 확인해야 할까?

신혼집 때문에 고민이 많은 예비 신혼부부를 상담했을 때의 일이다. 이 커플은 소득 초과로 인해 공공주택에 신청 자격이 안 된다고 했다. 맞다. 공공주택 중 임대 방식이나 분양 방식의 신혼부부 특별 (우선)공급은 소득 기준에 제한이 있어서 소득 기준이 초과하는 경우 애초에 신청 자격이 되지 않는다.

그런데 신혼부부의 부모님 중 한 분이 한 달에 10만 원씩 납입해서 2,400만 원이 예치된 청약저축통장을 오랫동안 유지하고 있다고 했다. 필자는 그 말을 듣자마자 물어봤다.

"혹시 부모님이 살고 계시는 집이 자가인가요?"

"네, 아버지 명의 주택입니다."

"부모님은 계속해서 현재 그 집에 거주하실 건가요?"

"네, 별문제가 없다면 계속 거주하실 거예요."

"부모님께서 큰 선물을 주셨네요."

부모님의 청약통장은 신혼집을 해결할 수 있는 '위대한 유산'이었기 때문이다. 청약통장은 경우에 따라 명의 변경이 가능하다. 직계 존비속에 한해서 사망, 개명, 혼인, 배우자 또는 세대원으로 세대주 변경 시 명의 변경이 가능하다. 즉 자녀의 혼인 또는 세대주 변경으로 부모의 청약통장을 자녀에게 줄 수 있다.

공공분양주택의 특별공급 신혼부부 방식이 아닌 일반공급 방식 중 $60m^2$ 이상 주택에 신청할 경우에는 소득과 자산 기준이 전혀 없다. 그래서 이 신혼부부의 경우 신청 자격이 주어진다.

공공분양주택의 일반공급 신청 자격은 무주택 3년 이상 조건과 청약통장 1순위(2년 24회 이상 납입) 조건을 충족하는 것이다. 이후 청약통장 납입 금액이 많은 순으로 당첨자를 선정한다. 참고로 부모님의 2,400만 원짜리 청약저축통장은 수도권의 어디든 당첨이 가능한 금액이다.

청약통장 명의 변경 기준

명의 변경 사유	청약예금/부금 가입자		청약저축 가입자
	2000년 03월 26일 이전 가입	2000년 03월 27일 이후 가입	
	사망, 혼인, 개명, 배우자 또는 세대원으로 세대주 변경	사망, 개명	사망, 혼인, 개명, 배우자 또는 세대원으로 세대주 변경

하지만 청약통장 명의 변경 조건이 청약통장 종류와 가입 시점에 따라 다르다는 점을 꼭 확인해야 한다. 청약종합통장과 2000년 3월 27일 이후에 가입한 청약예금, 청약부금 통장은 사망, 개명 시 명의 변경이 가능하다. 2000년 3월 26일 이전 가입한 청약예금, 청약부금 통장과 청약저축통장은 사망, 개명 외에도 혼인, 배우자 또는 세대원으로 변경하면 가능하다. 즉 청약저축통장은 사망하거나 개명하지 않더라도 비교적 쉽게 명의 변경 가능하다.

Chapter 5

이제는 실전이다!
상황별 사례들

13

1인 가구를 위한
공공주택 실전기

청년 1인 가구 당첨 사례 1_장기안심주택

Y씨의 사례 – 청년 1인 가구 당첨 / 장기안심주택

1. 주거 목적 : 1인이 거주할 집
2. 현 거주지 : 서울시 서대문구(서울시 10년 거주)
3. 직업/나이 : 프리랜서 강사(사업소득자) / 27세 여성
4. 세대 구성 : 1인(단독세대주)
5. 소득 구간 : 50% 이하 구간
6. 청약통장 현황 : 청약종합저축통장(2014년 3월 개설 / 60회 납입)

7. 주택 소유 여부 : 과거 주택을 소유한 적이 없는 무주택자

8. 자산 현황 : 보유자산 없음

당첨 지역 : 서울시 서대문구

지원 금액 : 보증금 4천만 원

Y 씨 후기   2018년 4월 12일

안녕하세요. 홈드림연구소 김상암 소장님 컨설팅 후 '장기안심주택 보증금지원형'에 채택이 되어 4월 말에 월세 세입자에서 전세 세입자로 이사를 가게 되었습니다.

너무 기쁜 마음에 소장님께 감사 인사를 드릴 겸 저처럼 소장님의 도움을 받으셔서 '홈'으로 인한 고민을 덜었으면 하는 작은 바람으로 이렇게 후기를 남기게 되었습니다.

소장님을 처음 뵌 건 작년입니다. 그 당시 저는 부모님 집에서 독립하면서 월셋집을 얻게 되었는데, 한 달에 꼬박꼬박 나가는 월세 50만 원과 생활비 20~30만 원, 관리비가 너무 부담되더라고요. 저도 사회생활을 계속하고 있지만, 아끼고 싶어도 월세랑 관리비는 아낄 수 있는 게 아니라서 지쳐 있는 시기였습니다. 집세에 대한 큰 스트레스를 받으면서 인터넷 검색을 통해 공공임대, 행복주택, 국민임대 등을 알게 되었

습니다.

SH공사에서 주관하는 '장기안심주택 보증금지원'은 전세금은 30%를 최장 6년간 무이자로 지원해주는 제도인데요. 1억 원 이하일 경우는 50%까지 지원해주는 엄청난 혜택의 보증금 지원형 제도였습니다.

저는 당장 이사할 집을 월세가 아닌 전셋집으로 알아보았고, 최대한 서울에 있는 아파트 1억 원 이하의 전셋집을 발품 팔아 드디어 구하게 되었습니다. 그래서 4월 말 전세 아파트로 이사를 합니다.

집에 대한 스트레스, 경제적 압박에서 조금 벗어날 수 있다고 생각하니까 기분이 너무 좋더라고요. 홈드림연구소 김상암 소장님이 아니었다면 제가 이런 제도에 대해 알지 못했을 텐데, 정말 감사합니다.

저처럼 많은 분이 공공주택으로 집에 대한 스트레스를 조금이라도 더셨으면 좋겠습니다. 사실 천년만년 살아가는 게 아닌데, 집에 이렇게 스트레스를 받아야 하나 싶다가도 아직 능력이 이렇게 밖에 안 되니 작은 살림에 평범하게 살아가는 것도 힘에 부칠 때가 많아 속상했거든요.

소장님 너무 감사합니다. 항상 건강하시고요. 하시는 일, 사업 모두 번창하시길 바랍니다.

"아끼고 싶어도 아낄 수 없는 주거비가 너무 부담스러워요."

부모에게 독립하면서 가장 현실적으로 어려움을 겪는 것이 바로 살 집을 구하는 것이다. 그래서일까? 성인이 되어서도 독립하지 않고 부모에게 경제적으로 의존하는 청년을 뜻하는 '캥거루족'이 요즘 많이 늘었다고 한다.

"한 달에 꼬박꼬박 나가는 월세가 너무 부담돼요."

월세로 거주하고 있는 30대 초반 여성분이 겪고 있는 고민이다. 매달 50만 원씩 나가는 월세와 생활비 20~30만 원 등 적어도 70~80만 원씩 고정적으로 나가는 돈이 부담스럽다고 했다. 프리랜서라서 소득이 일정하게 발생하는 것이 아니라서 주거비가 더욱 부담스럽게 느껴지는 상태였다.

평소 집 때문에 스트레스가 많기도 했고 현재 거주하는 집도 곧 만기가 임박하다보니 부랴부랴 다음 집을 알아보게 되었다. 그러던 중 공공임대, 행복주택, 국민임대 등 공공주택을 알게 되었고 홈드림연구소 또한 알게 되었다고 했다.

당장 발등에 불이 떨어진 상황이었지만, 그렇다고 공공주택으로 곧바로 입주한다는 것은 사실상 불가능했다. 본인의 조건에 맞는 공공주택의 모집 시기를 기다려야 했기 때문이다.

필자는 일단 집을 새로 구한 뒤 공공주택을 준비하자고 제안했다. 그리고 집을 구할 때 부족한 보증금을 지원하는 제도를 먼저 활용하자고 했다. 그것이 '장기안심주택'이었다. 전용면적 $60m^3$ 이하 주택(1인 거주자 기준)에 보증금 2억 9천만 원 이하 주택이면 최대 4천 5백만 원을 무이자로 최장 10년간 지원하는 제도이다. 이분의 경우 현재 거주하는 집의 보증금 6천만 원과 지원받는 자금을 더해서 월세 없는 1억 원 이하 전셋집을 구하게 되었다.

물론 본인이 처음 희망했던 신축 아파트는 아니지만, 현재 거주하는 곳에서 멀지도 않고 작은 거실과 방이 따로 있어서 혼자 살기에는 충분했다. 무엇보다 혼자 사는 여성이라 전에 살았던 다세대 주택보다 현재의 아파트가 더 안전했다.

그리고 매월 나가던 월세 부담이 없으니 자연스럽게 돈을 더 많이 모으게 됐고, 모은 돈으로 결혼 준비를 할 수 있게 되었다며 좋아했다. 무엇보다 집에 대한 스트레스가 없어지니까 일에 더 집중할 수 있다고 했다.

비록 그분은 희망하던 공공주택에 입주한 것은 아니지만, 다음 집에 대한 분명한 목표가 생겼다. 그리고 주거 계획을 짜며 공공주택으로 다음 집을 준비할 것이라고 약속했다. 필자는 이분을 비롯한 대한민국 모든 청년에게 집이 절망이 아니라 희망이 될 수 있다는 것을 알려주고 싶다.

청년 1인 가구 당첨 사례 2 _ 행복주택

S 씨의 사례 – 청년 1인 가구 당첨 / 행복주택

1. 주거 목적 : 1인 거주할 집
2. 현 거주지 : 서울시 구로구(서울시 6년 거주)
3. 직업/나이 : 근로소득자(4대 보험 가입자) / 35세 여성

4. 세대 구성 : 1인(단독세대주)

5. 소득 구간 : 80% 이하 구간

6. 청약통장 현황 : 청약종합저축통장(2013년 1월 개설 / 76회 납입)

7. 주택 소유 여부 : 과거 주택을 소유한 적이 없는 무주택자

8. 자산 현황 : 자동차 보유(차량 기준가 이하)

당첨 지역 : 서울시 구로구

임대 금액 : 보증금 3천 1백만 원 ┃ 월 임대료 149,000원

(최대 전환 시 보증금 4천 6백만 원 ┃ 월 임대료 74,500원)

S 씨 후기   2017년 3월 28일

안녕하세요.

김상암 소장님을 뵙고 임대주택을 준비하다가 드디어 작년 12월에 임대주택에 입주하였습니다.

처음에는 주변에서 조건도 까다롭고 혼자 사는 점 등으로 점수가 충분하지 않으니 절대 입주하지 못할 거라는 말을 들었습니다.

그런데 소장님께서 제 조건에 부합하는 임대주택을 추천해주시면서 이곳을 집중적으로 공략하면 가능하다고 말씀해주셨습니다.

첫해 도전에서 너무 아쉽게 떨어져서 다시 도전했는데, 두 번째 도전만에 성공했네요.

지금은 제 성공 사례를 듣고 주변 사람들이 도전하고 있습니다.

사는 곳도 이전보다 좋아졌고, 삶의 질이 많이 개선되었답니다. 직장과 집의 위치도 적당하고요.

집에 여유가 생기니 다른 것들에 집중할 수 있어서 너무 좋습니다.

계속 주변 사람들에게도 추천하고 있고요.

모두들 좋은 소식 있으시길 기원합니다.

그리고 이 자리를 빌려 김상암 소장님께 감사 인사드립니다.

모두 화이팅입니다.

"너는 혼자 살고 있고 신청 조건도 까다로우니 당첨되지 못할 거야."

요즘 들어 공공주택에 관심을 가지는 청년 1인 가구가 많아졌다. 국가나 지자체에서 홍보를 많이 하지만 아무래도 인터넷이나 SNS를 통해 정보를 쉽게 얻을 수 있기 때문이 아닌가 생각한다. 그런데 그 정보를 해석하는 것에 따라 본질이 달라질 수 있다.

"주변 사람들이 저는 당첨되기가 어렵다고 하던데 정말 그럴까요?"

혼자 사는 여성이고 30대 중반 미혼 직장인의 경우다. 평소 공공주택에 관심이 많았고 직장 동료나 지인들을 만나면 늘상 집이 대화의 주제이고 그중 행복주택이나 공공임대주택 등 공공주택에 관한 이야기를 많이 한다고 했다.

신혼부부가 당첨된 이야기, 장기전세주택에 당첨된 어느 가족의 이야기 등 부럽기도 하고 어떻게 당첨되었는지 궁금해서 물어봤지만, 주변에서는 혼자 사는 사람은 부양가족이 없어서 점수가 낮아 당첨되기 힘들다는 대답을 들었다고 했다.

과연 혼자 사는 1인 가구는 공공주택 당첨이 어려울까?

필자의 대답은 '아니요'다. 정확하게 말하자면 부양가족이 많은 가구와 혼자 사는 1인 가구가 신청하는 주택의 종류와 방식이 전혀 다르기 때문에 1인 가구의 당첨이 어렵지 않다.

예를 들어 공공주택 중 월 임대료를 내지 않는 '장기전세주택'은 가족 구성원이 많은 가구에게 유리한 방식으로 가점 항목이 구성되어 있다. 그렇기 때문에 1인 가구가 소득, 자산 등 기본적인 신청 자격이 된다고 하더라도 절대적으로 불리하고 당첨될 가능성이 매우 낮다.

또한, 행복주택이나 청년주택은 가족 구성원이 있든 없든 그것이 중요한 것이 아니다. 현재 대학생, 신혼부부, 청년이 아니라면 아예 신청 자체가 불가하다. 즉 본인 상황에 맞는 공공주택에 신청해야 유리할 수밖에 없다.

이분의 소득은 월평균 370만 원 정도로 80% 구간이고 현재 거주하는 곳은 서울시 구로구였다. 그래서 구로구에 공급된 국민임대주택 중 $40m^3$ 이하 주택과 행복주택을 추천하였다. 그 결과 두 번째 도전 만에 희망하는 구로구 지역의 행복주택에 당첨이 되었다.

당첨되고 공공주택으로 이사하니 일단 깨끗한 주거 시설과 환경이 좋다고 했다. 또한, 그전보다 집 걱정이 확연히 줄어드니 일에 더욱 집중할 수 있었다.

"넌 안 될 거야"라고 말했던 주변 사람들이 오히려 그분에게 좋은 자극을 받고 공공주택에 도전하고 있다고 한다.

🏠 청년 1인 가구 당첨 사례 3 _ 공공임대주택 → 행복주택

J 씨의 사례 – 청년 1인 가구 당첨 / 공공임대주택→행복주택

1. 주거 목적 : 신혼집
2. 현 거주지 : 서울시 송파구(공공임대주택 거주자)
3. 직업/나이 : 근로소득자(4대 보험 가입자) / 32세 남성
4. 세대 구성 : 1인(단독세대주)
5. 소득 구간 : 70% 이하 구간
6. 청약통장 현황 : 청약종합저축통장(2010년 2월 개설 / 110회 납입)
7. 주택 소유 여부 : 과거 주택을 소유한 적이 없는 무주택자
8. 자산 현황 : 보유자산 없음

당첨 지역 : 서울시 송파구
임대 금액 : 보증금 8천 9백만 원 | 월 임대료 312,000원
(최대 전환 시 보증금 1억 2천만 원 | 월 임대료 156,200원)

"현재 사는 집도 결혼할 집도 모두 공공주택으로 해결했습니다."

4년 전 지방에서 대학을 졸업하고 강남구 테헤란로의 한 스타트업 회사에서 일하는 30대 초반 남성분과 상담했었다. 취업 후 1년 동안은 은평구 친척집에 얹혀살았는데 잦은 야근으로 늦게 집에 들어가면 미안하기도 하고 눈치도 보였다고 했다.

"소장님, 저는 작은 집도 괜찮아요. 대부분의 시간을 회사에서 일하고 밥 먹고 하니 그냥 몸만 누울 수 있는 집이면 충분할 것 같아요. 그래도 회사에서 아주 멀지만 않았으면 좋겠는데, 저에게 맞는 공공주택이 있을까요?"

최근 청년 1인 가구가 거주할 수 있는 공공임대주택은 행복주택이나 역세권2030청년주택 등 많이 공급되고 있지만, 4~5년 전만 하더라도 그렇지 않았다. 그래서 필자는 이분에게 도시형 생활주택으로 공급하는 원룸형 공공임대주택을 추천했다.

그때 당시 이분은 사회초년생이라 소득이 높지 않았고 부모님이 오래전부터 들어준 청약통장이 있었고 무엇보다 재직하고 있는 회사가 제조업종이라 추가 가점도 받을 수 있는 상태였다. 이러한 유리한 조건 덕에 그분은 희망하는 공공임대주택에 당첨되었다. 공공임대주택이 송파구에 있어 직장과 멀지도 않았고, 월 15만 원 정도의 임대료로 저렴했다.

그렇게 시간이 흘러 2018년 초, 이분에게 다시 연락이 왔다.

"안녕하세요. 소장님."

"네, 잘 지내시죠?"

"네, 덕분에 잘 지내고 있어요. 다름이 아니라 지금 만나는 여자 친구와 결혼을 하려는데 집이 또 문제네요. 지금 사는 곳이 원룸이라 혼자 살기에는 좋지만 아무래도 신혼집으로 살기에는 좁아서요. 이번에도 저에게 맞는 공공주택이 있을까요?"

첫 번째 집을 준비하면서 이분의 상황을 어느 정도 이해하고 있는 터라 다음 집에 대한 전략과 방법을 이야기했다. 그리고 결혼할 분의 직업과 소득, 거주지, 청약통장 등 조건을 파악했다. 무엇보다 결혼할 분은 근로소득자가 아닌 가게를 운영하는 개인사업자라 합산 소득 구간이 유리했다.

그래서 2018년 8월 행복주택 신혼부부계층의 예비 신혼부부로 신청했다. 현재 사는 원룸보다 크면 서울의 어디라도 본인은 상관없다고 했지만, 현재 이분이 송파구에 거주하고 있기 때문에 필자는 송파구에 공급하는 '송파 헬리오시티'를 적극적으로 추천했다. 그리고 신혼부부가 신청 가능한 39㎡, 46㎡, 59㎡ 세 가지 평형 중 제일 작은 39㎡형으로 신청하자고 제안했다.

본인들은 최소 방 2개 있는 46㎡형으로 신청하기를 원했지만, 당첨에 유리한 평형은 39㎡이었다. 이분은 우선공급 대상자이고 서울 거주 기간 3년 이상과 청약통장 2년 24회 이상이라 최고 6점을 받을 수 있어 당첨에 유리한 조건이기는 했다. 하지만 동일 점수가 많을 때는 해당 자치구 즉 송파구 거주 기간이 긴 사람부터 당첨된다.

그런데 이분은 송파구 거주 기간이 4년밖에 안 돼서 상대적으로 불리했다. 이러한 상황 때문에 그중 제일 작은 평형에 신청하는 것이 경쟁에서 유리하다고 설명했다. 대부분이 $59m^2$와 $49m^2$를 원할 것이기 때문이었다.

이후 당첨자 발표가 나왔는데 예상이 적중했다. 경쟁이 가장 많았던 $59m^2$형은 송파구에서 1989년부터 거주한 사람까지 당첨되었고, $46m^2$형은 2012년부터 거주했던 즉 7년 전부터 거주한 사람이 당첨되었다. 그리고 이분이 신청한 $39m^2$형은 2순위까지 당첨 기회가 갔으니 1순위 조건인 이분은 쉽게 당첨되었다.

만일 본인들이 희망했던 $46m^2$형에 신청했다면 어땠을까? 송파구 4년 거주 중이었기 때문에 경쟁에서 밀려 예비는커녕 거주 기회조차 오지 않았을지도 모른다.

단, 행복주택 예비 신혼부부의 경우 입주일 전까지 혼인 신고를 해야 하는 조건이 있다. 이분들은 2019년 3월 혼인 신고를 마치고 입주를 했고 집이 해결되니 결혼식은 서두를 이유가 없다며 천천히 계획하겠다고 했다. 하지만 다음 목표인 공공분양주택에 대한 준비는 절대 미루지 않겠다고 약속했다.

14

예비부부, 신혼부부를 위한 공공주택 실전기

🏠 신혼부부 당첨 사례 1_행복주택

P 씨의 사례 - 신혼부부 당첨 / 행복주택

1. 주거 목적 : 신혼집(예비 신혼부부)

2. 현 거주지 : 서울시 강남구(서울시 계속 거주)

3. 직업/나이 : 근로소득자(4대보험 가입자) / 29세 남성

4. 세대 구성 : 부모 주택 거주 중(본인 및 예비 배우자 무주택자)

5. 소득 구간 : 100% 이내 구간

6. 청약통장 현황 : 청약종합저축통장(2016년 11월 개설 / 29회 납입)

7. 주택 소유 여부 : 과거 주택을 소유한 적이 없는 무주택자

8. 자산 현황 : 보유 자산 없음

당첨 지역 : 서울시 강남구

임대 금액 : 보증금 1억 4천만 원 | 월 임대료 523,000원

(최대 전환 시 보증금 1억 9천만 원 | 월 임대료 261,500원)

P 씨 후기   2018년 8월 22일

안녕하세요. 홈드림연구소 김상암 소장님을 만나 올해 1분기 행복주택에 당첨되었습니다.

1분기에 삼성동 센트럴 아이파크 예비 신혼부부 공급으로 신청했는데, 8월 17일 당첨 통보를 받았습니다.

11월 26일까지 입주를 하라고 하니 이제 삼성동에서 조만간 새로운 둥지를 틀 수 있게 되었습니다.

소장님께 진심으로 감사드리고 다른 분들도 소장님과 함께 집에 대한 꿈을 이루시길 진심으로 바라며 후기를 작성합니다.

저는 올해 3월 소장님을 만났습니다.

5년을 넘게 교제한 여자친구와 결혼을 이야기하면서 늘 현실적인 벽에 막혀 진전하지 못했던 이유가 집 때문이었습니다.

집과 직장이 있는 생활권에서 밀리고 밀려서 가지고 있는 금액과 형편에 맞춰 전혀 새로운 곳으로 가야 하는 두려움이 있던 저에게 홈드림연구소는 저희의 모든 상황과 형편에 맞게 컨설팅을 해주었습니다.

3월에 만나 상담을 받고 소장님의 추천으로 3월 30일에 나온 행복주택에 청약을 넣었는데요. 사실 이것도 공고문이 올라왔을 때 너무 많은 지역에 다양한 평수로 나와 어디를 청약해야 당첨 확률이 높을지 감이 오지 않았습니다.

몇 군데 넣어보고 싶은 곳을 추려 소장님과 상의하여 제 상황에서 당첨 확률이 높은 곳으로 결정한 후 최종적으로 삼성동에 청약을 넣었습니다.

발표를 기다리는 몇 개월이 정말 지겹고 힘들었는데 이렇게 당첨 통보를 받으니 정말 기분이 좋습니다.

사실 평소 공공주택에 대한 관심은 있었지만, 지식이 없어서 공고문을 봐도 무슨 말인지 몰라 답답했습니다.

하지만 소장님을 만나 하나하나 설명을 듣고 나니 올라오는 공고문들도 무슨 말을 하는지 조금씩 이해가 되고 그러다보니 공고문을 읽는 것이 재밌어지기 시작했습니다.

이것만으로도 앞으로 살아가는 데 정말 큰 자산이 될 것 같습니다.

소장님께 감사드립니다.

"5년을 넘게 만난 여자친구와 현실적인 벽(집) 때문에 결혼을 미루고 있어요."

2018년 2월, 전화 한 통이 걸려왔다. 공공주택 강의에서 결혼을 준비하는데 신혼집 구하기가 너무 힘들다고 하소연했던 예비 신혼부부였다.

"결혼 날짜는 정했나요?"

"아니요, 집이 마련되면 날짜를 잡으려고요."

5년 동안 만난 여자친구와 살 신혼집을 구하지 못해 결혼 날짜를 잡지 못하고 있다던 청년이었다. 가지고 있는 자금으로 집을 구하려니 집과 직장에서 먼 낯선 동네밖에 없었고, 그렇다고 무리하게 대출을 받아 익숙한 동네에 전셋집 구하는 것도 부담이 된다고 했다. 필자뿐만 아니라 대한민국에 살고 있는 많은 예비 신혼부부라면 백배 공감하는 말이 아닌가 싶다.

그래서 일단 만나서 현상황을 파악하기로 했다. 본인과 결혼 예정자의 소득이나 자산, 청약통장 등을 물어보았다. 남자분은 20대 후반이고 여자분은 20대 중반으로, 둘 다 취업한 지 얼마 되지 않은 사회 초년생이었다. 두 사람의 급여를 합쳐도 월 500만 원이 넘지 않은 상태였다. 청약통장은 각자 유지하고 있었고, 차량은 없는 터라 공공주택 자격 요건에 문제가 되는 사항은 전혀 없었다.

두 사람 모두 서울에서 태어나서 계속해서 서울 부모님 집에서 거주하고 있었다. 그래서인지 부모님 집과 직장 인근에 신혼집을 희망하고 있었다. 그동안 두 사람이 모은 돈과 부모님이 지원하는 돈까지 합해서 최대 1억 5천만 원까지 준비가 되었다고 했다. 어떻게 보면 1억 5천만 원은 적지 않은 돈이지만, 본인들이 희망하는 강남 지역에 집을 구하기에는 턱없이 부족했다. 강남 지역 20평대 아파트 전세 시세는 아파트마다 조금씩 다르겠지만 평균 4~5억 원 이상 된다.

아무리 신혼부부 전세 자금 대출을 받는다고 해도 대출 한도가 초과될 뿐 아니라 무리한 대출이 생활에 부담될 수밖에 없었다.

마침 3월 말 SH공사에서 행복주택 모집 공고가 나와서 강남 지역 재건축 매입형 행복주택을 추천했다. 아직 혼인한 상태가 아니기 때문에 예비 신혼부부 방식으로 두 사람 중 여자분이 신청하게 되었다. 그 이유는 여자분은 해당 지역(구) 거주자이고 거주 기간도 20세 이후 계속해서 거주하고 있었기 때문이다. 또한, 남자분보다 청약통장 납입 횟수가 많았기 때문에 여자분이 더 유리한 상황이었기 때문이다.

예비 신혼부부는 신청 시 부모와 함께(등본상) 거주하는 경우가 많다. 이럴 경우 만일 부모가 자가 주택을 소유한 유주택자이더라도 신청자와 배우자만 무주택자라면 신청 자격에 문제가 되지 않는다. 하지만 혼인 신고를 마친 신혼부부이면 신청자 본인과 배우자는 반드시 무주택자이어야 한다.

얼마 후 이분들은 다행히도 4월 말 서류 심사 대상자에 포함되었고 서류 제출 후 8월 최종 당첨자로 선정되었다는 통보를 받았다.

당첨된 곳은 서울시 강남구에 재건축한 아파트의 재건축매입형 행복주택이고 방 2개에 독립 거실이 있는 약 20평(49㎡)정도되는 신축 아파트였다. 보증금 최대 전환 시 1억 9천만 원에 월 임대료가 26만 원 정도 된다. 행복주택 당첨자는 보증금의 최대 80%까지 기금 대출이 가능하다. 그래서 이분들은 현재 1억 5천만 원은 있으니 부족한 보증금 4천만 원 정도만 대출을 받았다고 했다. 처음 일반 전셋집을 알아볼 때를 생각하면 비교도 안 될 만큼 대출금이 확 줄었다. 만일 이분들이 대출 2~3억 원을 받고 일반 전셋집을 구했더라면 아마도 신혼생활을 벅차게 시작했을지도 모른다.

결혼을 준비하는 예비 신혼부부의 경우 보통 남자 쪽에서 집을 준비하거나 주도적인 경우가 많다. 그러나 이 경우 남자분이 신청했다면 희망하는 행복주택에 당첨될 가능성은 전혀 없었다고 필자는 생각한다. 집이 생겨서 결혼할 수 있다고 마냥 좋아하는 예비 신혼부부에게 필자는 축하한다는 말과 함께 덕담을 덧붙였다.

"네 시작은 행복주택이나 네 나중은 공공분양으로 하여라"

🏦 신혼부부 당첨 사례 2 _ 10년 공공임대주택

K 씨의 사례 – 신혼부부 당첨 / 10년 공공임대주택

1. 주거 목적 : 내 집 마련(결혼 2년 차 신혼부부)
2. 현 거주지 : 경기도 하남시(하남시 2년 거주)
3. 직업/나이 : 전업주부 / 27세 여성
4. 세대 구성 : 4인(태아 포함) 무주택구성원
5. 소득 구간 : 100% 이내 구간(배우자 소득)
6. 청약통장 현황 : 청약종합저축통장(2019년 4월 개설 / 36회 납입)
7. 주택 소유 여부 : 과거 주택을 소유한 적이 없는 무주택자
8. 자산 현황 : 자동차 소유(차량 기준가 이하)

당첨 지역 : 경기도 하남시
임대 금액 : 보증금 7천 1백만 원 | 월 임대료 570,000원
(최대 전환 시 보증금 1억 4천만 원 | 월 임대료 230,000원)

K 씨 후기   2017년 12월 20일

저는 결혼한 지 2년이 조금 넘었고 아이가 두 명 있는 20대 새댁이랍니다~

청약을 이용할 줄도 모르는 저에게 시댁 식구들 소개로 김상암 소장님을 올해 9월쯤 만나게 되었어요.

김상암 소장님은 저희 가족에게 차근차근 시작하자며 하나하나 잘 설명해주시고 앞으로 어떻게 준비해야 할지 핵심을 잘 짚어주셨지요.

　　육아로 인해 공부할 시간이 없었지만, 틈틈이 인터넷을 검색해 알아보다가 모르는 게 있으면 김상암 소장님께 물어보면서 준비를 했어요. 그러다 혹시나 하는 마음으로 하남 감일지구 A1블록에 신혼부부 특별공급으로 신청을 했지요.

　　너무나 감사하게 첫발을 내딛자마자 당첨이 됐지 뭐예요.

　　신청하면서도 긴가민가했었는데 당첨이 되니까 너무 어리둥절하고 서류 심사 기간 동안 마음을 졸였는데 다행스럽게 모든 게 잘 되어 오늘 계약하고 왔습니다.

　　소장님께 감사하다고 전화 인사도 드렸지요.

　　정말 감사합니다.

　　다른 분들도 얼른 좋은 일들이 생겼으면 좋겠습니다~

　　"육아로 인해 청약 공부할 시간이 없어요."

　　바쁜 일상 속에 무언가에 집중하고 공부할 수 있는 여유가 있는 사람이 얼마나 될까? 특히 맞벌이 신혼부부나 어린아이를 둔 신혼부부가 말이다.

　　"혹시 거기가 홈드림연구소인가요?"

　　"네, 맞습니다. 말씀하세요."

　　아주 앳되고 작은 목소리의 한 여자분에게 전화가 왔다. 그리고 다시 전화하겠다며 곧바로 끊어버리는 것이 아닌가? 필자도 그렇지만 업무상 전화 통화가 많은 일을 하는 분이라면 이런 전화를 받았을 때 기분이 썩 좋지 않다. 그리고 20~30분 후 다시 전화가 왔다.

"아까는 정말 죄송합니다. 애기가 깨서 전화를 끊었어요. 죄송해요."

이쯤 되면 필자도 전화하는 분의 상황이 짐작되고 조금 전의 무례함을 이해할 수밖에 없다. 20대 초반에 결혼해서 생후 3개월 된 아기와 2살 된 아이를 키우고 있는 어린 새댁이었다. 졸업하고 취업 후 곧바로 결혼하게 되었다고 했다. 첫째 아이를 출산하고는 직장에 다녔지만 둘째가 태어나면서 직장을 그만둔 상태라고 했다.

본인이 직장을 그만두니 소득이 줄어들었고 신혼집을 얻을 때 받은 전세 대출금 상환이 무척 부담스러운 상황이었다. 그 모습이 안쓰러웠던 시댁 부모님이 필자를 알려줬다고 했다. 나중에 알았지만 시댁 부모님이 홈드림연구소 세미나에 참석한 적이 있었다. 전화한 이유는 공공주택을 알아보고 있는데 내용도 복잡하고 어렵고 해서 어떻게 준비해야 하는지 궁금하다고 했다.

짧은 시간 이야기를 나누면서 필자는 직감했다. '아, 이분은 당첨되겠구나.' 그 이유는 간단했다. 혼인 2년 차 신혼부부에, 남편이 외벌이였고, 자녀가 2명이나 있었기 때문이다. 즉 신혼부부 특별공급 1순위 조건에 자녀 2명이면 일부 지역을 제외하고는 당첨될 가능성이 높다. 게다가 무주택자이고 소득과 자산, 청약통장까지 신혼부부 특별공급 자격 요건에 결격할 만한 사유가 전혀 없었다.

이분이 희망하는 집은 독립 거실과 방 3개가 있는 20대 중반 평형이었다. 또한 아이를 위해서 자연 녹지가 많은 곳을 원했다. 한가지 걱정은 현재 보유한 자금이 1억 5천만 원 정도밖에 없어서 당첨되더라도 대출을 많이 받아야 하는 것이라고 했다.

면담 이후 희망 주거 조건과 일치하는 모집 공고가 나왔는데 경기도 하남시 감일지구 내 10년 공공임대주택이었다. 서울 도심과 멀지도 않고 주변에 자연 녹지가 많아 쾌적한 곳이라 아이를 키우는 데도 안성맞춤이었다. 신혼부부 특별공급으로 신청했고 필자의 예상대로 바로 당첨되었다.

그것도 희망하는 방 3개가 있는 $59m^2$에 당첨되었다. 더욱 만족한 것은 대출을 받지 않고 지금 있는 자금으로 입주할 수 있어 너무 좋아했다. 최대 보증금 전환 시 보증금은 1억 4천만 원이고 월 임대료도 23만 원 정도라 크게 부담되지 않는다고 했다. 당첨자로 통보받고 난 후 2020년 3월, 입주 날만 손꼽아 기다리고 있다고 했다.

이분들이 어렵지 않게 당첨된 결정적 이유는 바로 출산을 미루지 않아서다. 대출로 인해 집을 얻고 또 대출을 갚기 위해 둘이 벌어야 하는 비현실적 상황 속 여느 신혼부부와 달랐기 때문이다.

"대한민국 보통 신혼부부여, 출산을 미루면 내 집 마련도 미뤄진다는 것을 명심하자."

🔍 신혼부부 당첨 사례 3 _ 행복주택 → 신혼희망타운

L 씨의 사례 – 신혼부부 당첨 / 행복주택→신혼희망타운

1. 주거 목적 : 내 집 마련(결혼 3년 차 신혼부부)
2. 현 거주지 : 경기도 용인시(용인시 3년 거주)
3. 직업/나이 : 근로소득자(4대보험 가입자) / 33세 남성
4. 세대 구성 : 2인(본인, 예비 배우자)
5. 소득 구간 : 70% 이내 구간
6. 청약통장 현황 : 청약종합저축통장(2014년 3월 개설 / 61회 납입)
7. 주택 소유 여부 : 과거 주택을 소유한 적이 없는 무주택자
8. 자산 현황 : 자동차 소유(차량 기준가 이하)

당첨 지역 : 경기도 하남시
분양 금액 : 4억 4천만 원

"한 번 당첨되니 두 번째 당첨은 어렵지 않았어요."

2017년 초 예비 신혼부부를 상담했었다. 역시나 결혼할 신혼집을 구하고 있었다. 30대 초반의 남자분은 경기도 성남시 판교 테크노밸리 단지에 위치한 중견기업에 다니고 있었고, 여자분은 20대 후반의 같은 직장에 근무하는 사내 커플이었다.

"신혼집을 알아보는데 직장 근처 판교나 분당 쪽은 집값이 너무

비싸요."

"20평대 아파트 전세금이 3억 원 이상이라 부담이 되네요."

"현재 가진 자금이 얼마 정도 되나요?"

"1억 5천만 원까지는 준비하고 있어요. 그래서 신혼부부 전세 자금을 최대한 받더라도 분당 쪽으로 집을 알아볼까 고민하고 있어요."

"1억 원 이상 대출이 부담되지 않을까요?"

"그래도 어쩔 수 없죠."

다분히 이 커플만의 고민일까? 대한민국에서 결혼하는 대부분의 예비 신혼부부의 공통된 고민일 것이다. 대출을 받지 않고서는 신혼집을 구할 수도 없고 아예 시작조차 못하는 시대가 아닌가?

필자는 일단 이분들에게 대출을 최소화하던가 대출 없이 시작하자고 말했고 희망하는 20평대에서 방 하나를 뺀 투룸형으로, 그리고 직장에서 조금 멀더라도 본인의 상황에 맞는 집을 구하자고 제안했다. 이분들은 처음 계획과는 달라져 조금 망설였지만, 곧 소장님이 제안한 방법으로 한번 해보겠다고 말했다.

필자는 이분들에게 용인시 공급 예정인 행복주택을 설명했다. 일단 신혼 첫 집으로 빚 없이 시작하고 거주하면서 다음 집을 준비하자는 계획이었다. 즉 임대주택에서 시작해서 분양주택으로 마무리하는 생애 단계별 내 집 마련 전략인 것이다.

2017년 8월에 기다리고 있던 용인시 행복주택에 모집 공고가 나왔고 신혼부부 계층의 예비 신혼부부로 신청했다. 공고 전부터 미리 자격 요건을 준비하고 신청해서인지 2017년 9월에 당첨자로 선정되었다. 투룸형이고 보증금 최대 전환 시 7천만 원에 월 임대료가 96,000원으로 시세보다 매우 저렴했다.

준비한 1억 5천만 원에서 보증금을 내고도 약 8천만 원 정도의 여유가 생겼다. 정말 대출 없이 신혼집을 구하게 된 것이다. 다만, 입주가 2019년 2월이라 1년 반 정도 결혼이 늦춰지는 문제가 있었다. 하지만 결혼할 집이 마련되었기 때문에 입주 시기에 맞춰서 결혼해도 문제가 없다고 했다.

이렇게 또 한 쌍의 커플이 공공주택으로 집 걱정을 덜고 결혼하게 되었다. 이럴 때 필자는 이 일에 대한 자긍심과 보람을 느낀다.

그렇게 시간이 흘러갔고 2018년 12월 드디어 위례신도시에 첫 번째 신혼희망타운 모집 공고가 나왔다. 그리고 잠시 잊었던 이 커플에게 다시 연락이 왔다.

"소장님, 소장님이 이야기하신 신혼희망타운이 드디어 나왔네요. 행복주택에 당첨이 되었는데 또 신청해도 될까요?"

"네, 신청 가능합니다."

"아직 입주도 안 했는데도요?"

"네, 걱정하지 말고 신청 준비나 합시다."

사실 많은 분들이 공공주택에 한 번 당첨되면 또 신청을 못하거나 당첨이 안 되는 것으로 잘못 이해하고 있다. 하지만 공급 방식이 다르면 또 신청할 수 있다!

이 커플은 아직 혼인 신고를 하지 않은 상태라 그 전처럼 예비 신혼부부 1단계 우선공급으로 신청했다. 그리고 행복주택 입주를 한 달 앞둔 2019년 1월 14일, 신혼희망타운의 당첨자로 통보를 받게 되었다. 신혼희망타운은 분양 방식의 아파트이고 $55m^2$형으로 방 3개 화장실 2개가 있는 약 24평 정도 되는 구조다.

주변 시세의 절반 가격 수준인 4억 4천만 원에 분양가의 최대 70%를 1.3% 저리로 대출해주기 때문에 입주자는 약 1억 3천만 원만 있어도 입주할 수 있다.

이분들은 가점도 만점이었지만, 추첨 운도 있었기에 당첨되었다고 필자는 생각한다. 사실 두 사람은 같은 회사에서 일하고 있었고 소득 또한 각각 발생되기 때문에 가구 소득 가점에서 불리할 수밖에 없다. 그리고 가점 또한 만점이 나올 수가 없었다.

그런데 왜 당첨되었을까? 신혼희망타운 신청 세 달 전에 한 분이 퇴사했기 때문에 당첨에 유리할 수밖에 없었다. 퇴사 결심이 결코 쉬운 일은 아니었고 퇴사를 권유한 필자도 부담스러웠다. 하지만 이분들은 일생일대의 중대한 결정을 했고 남들은 평생 맞벌이를 해도 불가능한 내 집 마련을 외벌이라도 가능할 수 있다는 것을 증명했다.

이분들은 먼저 당첨된 행복주택에 입주해서 2021년 9월 신혼희망타운으로 이사할 날만 손꼽아 기다리고 있다. 얼마나 행복한 기다림의 시간일까?

하루하루가 마냥 즐겁기만 한 이분들의 모습을 보며 필자 또한 보람을 느낀다.

15

일반가구를 위한 공공주택 실전기

🏠 일반가구 당첨 사례 1_재개발임대주택

H 씨의 사례 – 일반가구 당첨 / 재개발임대주택

1. 주거 목적 : 1인 거주할 집(만 65세 이상 고령자)
2. 현 거주지 : 서울시 송파구(서울시 20년 거주)
3. 직업/나이 : 무직 / 72세 여성
4. 세대 구성 : 1인(단독세대주)
5. 소득 구간 : 50% 이내 구간
6. 청약통장 현황 : 청약종합저축통장(2010년 4월 개설 / 108회 납입)

7. 주택 소유 여부 : 과거 주택을 소유한 적이 없는 무주택자

8. 자산 현황 : 토지 소유(상속 지분 보유, 자산 기준가 이하)

당첨 지역 : 서울시 동대문구

임대 금액 : 보증금 1천만 원 | 월 임대료 135,100원

(최대 전환 시 보증금 2천 5백만 원 | 월 임대료 54,000원)

H 씨 후기   2018년 06월 11일

안녕하세요!

김상암 소장님께 거듭 감사드립니다.

창가로 보이는 잠실 롯데타워를 보면서 새삼 감사한 마음이 생겨 몇 자 적어봅니다.

3월 말경 답십리 동아아파트에 입주했습니다.

아무것도 몰라 헤매고 어리둥절하기만 했는데 우리 소장님께서 친절하고 상세히 알려주시고 입주할 때까지 신경 써 주셔서 정말 고맙습니다.

답답한 주거 환경에서 살다가 탁 트인 이곳에서 저녁 식사를 하고 창가에 서서 야경도 감상하고 저 멀리 보이는 롯데타워를 보니 행복한 기분이 드네요.

감사합니다.

행복한 나날들 되세요.

"집 근처에 잠실 롯데타워가 있지만 볼 수가 없어요."

대한민국에서 가장 높은 빌딩인 '잠실 롯데타워'는 송파구 일대 뿐만 아니라 서울 웬만한 곳에서도 볼 수 있는 타워가 아닌가 싶다. 하지만 정작 인근에 거주하지만 왜 그 높은 타워가 집에서 보이지 않는 걸까?

"내가 바라는 집은 그저 땅 위로 올라가는 겁니다."

필자가 지자체 복지관에서 강의할 때였다. 소규모 강연이라 참석 자들과 직접 대화를 나눌 수 있는 세미나였다. 그래서 필자는 '내가 희망하는 집'이라는 주제로 참석자들에게 희망하는 집에 대해 물어 보았다. "저는 아파트로 이사를 가고 싶어요", "지금보다 넓은 집이 필요해요", "대출을 받더라도 집을 사야겠어요" 등 내가 바라는 집 에 대한 이야기가 많이 나왔다.

그런데 어디선가 나지막한 소리로 "나는 땅 위로 올라가는 게 소 원이에요"라는 말이 들렸다. 그 목소리가 들리는 곳으로 고개를 돌 렸는데 참석자 중 가장 나이들어 보이는 어느 할머니가 보였다. 강 의가 끝나고 할머니와 이야기를 나누면서 할머니가 지금 사는 곳이 반지하라서 햇빛이 잘 들어오지 않는다는 것을 알게 되었다.

몇 년 전까지만 해도 작은 가게를 운영하다보니 적어도 수입이 있었지만, 지금은 젊었을 때 넣어둔 개인연금과 노령연금으로 생활 하고 있다고 했다. 칠십이 넘은 나이에도 정정한 모습으로 활짝 미 소를 지으시던 모습이 기억난다.

할머니는 동생이 거주하는 동대문구로 이사를 가고 싶어 하지만 현재 보유한 4천만 원으로는 지금과 같은 반지하 전셋집이나 월 20~30만 원 내는 땅 위의 월셋집이라는 것을 잘 알고 계셨다. 혼자 거주하는 고령자를 위한 영구임대주택이나 국민임대주택은 있지만, 할머니가 희망하는 지역에는 없는 상태였다.

그래서 필자는 서울 도심 내 재개발로 인해 공급하는 '재개발임대주택'에 입주하는 방법을 말씀드렸다. 마침 희망하는 지역은 과거 재개발로 인하여 재개발임대주택이 많이 공급된 상태였다. 다행히 할머니께서는 5년 전 월 2만 원씩 넣어둔 청약통장이 있고 계속 서울시에 거주했기에 거주 기간 점수도 충분했다. 하지만 부양가족이 점수가 없어 필자가 예상하는 점수에 미치지 못했다.

부양 의무자가 있어 수급자 선정은 어려웠지만, 부양 의무자가 있어도 자산이나 소득이 없거나 적은 경우는 '차상위계층'이 가능했다. 얼마 후 할머니가 차상위계층에 선정되었고 사회취약계층에게 부여되는 가점을 더하니 그토록 희망하던 공공주택에 당첨되었다. 보증금을 최대로 전환하여 2천 5백만 원을 내는 대신 월 임대료가 5만 5천원으로 줄어 부담을 덜 수 있었다.

먹고살기 바쁜 자식에게 짐이 되기 싫다는 할머니의 말이 아직도 필자는 생생하게 기억난다. 할머니에게도 분명 젊은 날이 있었을 것이다. 하지만 그 젊음을 오로지 가족과 자식을 위해 헌신하신 우리들의 부모님이 아닌가? 집을 고민하시는 부모님이 계시다면 공공주택에 입주시켜드리는 것은 어떨까?

⌂ 일반가구 당첨 사례 2_매입임대주택

N 씨의 사례 – 일반가구 당첨 / 매입임대주택

1. 주거 목적 : 가족이 거주할 집(사회취약계층)
2. 현 거주지 : 서울시 도봉구(서울시 12년 거주)
3. 직업/나이 : 자영업자 / 42세 여성
4. 세대 구성 : 2인(본인, 자녀)
5. 소득 구간 : 50% 이내 구간
6. 청약통장 현황 : 청약종합저축통장(2018년 10월 개설 / 7회 납입)
7. 주택 소유 여부 : 과거 주택을 소유한 적이 없는 무주택자
8. 자산 현황 : 보유 자산 없음

당첨 지역 : 서울시 도봉구
임대 금액 : 보증금 6백만 원 | 월 임대료 100,000원

안녕하세요~

저는 도봉구 쌍문동에 아주 넓고 깨끗한 매입임대주택에 당첨되었어요~

저는 2월 말쯤 소장님을 처음 만났어요.

소장님께서는 제가 알기 쉽게 준비해야 할 것들에 대해 이야기해주시고, 앞으로 어떻게 차근차근 삶의 터전을 만들어갈지에 대해서도 큰 틀을 잡아주셨어요.

상담이 끝나고 소장님께서 알려주신 대로 청약통장을 재정비하고 매입임대 신청을 했는데 단번에 딱 마음에 드는 집에 당첨이 되었어요.

아이가 너무 좋아하고 저도 너무 행복해요.

앞으로 모든 일이 잘될 거 같은 느낌이랄까요.

소장님께서 상담해주신 대로 청약도 10만 원으로 늘려두었고

국민임대, 장기전세를 넘어 분양까지 차근차근 준비해서 도전하겠습니다.

소장님, 도움 주셔서 감사해요.

꾸벅.

"아이 방이 있었으면 좋겠어요."

자녀가 있는 가정이면 쾌적하고 더 큰 집이 필요할 것이다. 자녀가 학교에 갈 때쯤이 되면 자기 방을 가지고 싶어 하기 때문이다.

하지만 아이의 요구를 들어줄 형편이 안 된다면 부모는 안타깝고 아이에게 미안하기만 할 것이다. 더군다나 혼자 아이를 키우는 한부모가정이라면 그 마음은 오죽할까?

필자가 아름다운재단과 함께 한부모가정의 주거 해결 문제를 돕는 일을 진행했을 때의 일이다. '보호대상 한부모가정'은 사별 또는 이혼 등의 사유로 자녀를 혼자서 양육하는 저소득 가정을 말한다. 자녀 양육과 생계를 혼자의 힘으로 해결한다는 것이 결코 쉬운 일일 아닐 것이다.

이분은 작은 네일숍을 운영하고 있는데 동네에서 나름 운영이 잘되는 편이라고 했다. 그래서 그럭저럭 먹고사는 데 있어 큰 어려움은 없지만, 집 문제는 늘 걱정거리라고 했다. 일단 가게와 집이 멀기 때문에 자녀가 방과 후에 혼자 마을버스를 타고 가게로 오는 것이 마음에 걸렸다. 그렇다고 아이를 혼자 집에 두는 것도 못할 노릇이었다.

그래서 가게 근처에 집을 알아봤는데 아무리 작은 집이라도 최소한 3~4천만 원의 보증금을 내고 월세가 20~30만 원 정도 된다고 했다. 월세는 벌어서 내면 되지만, 보증금이 문제였다. 현재 6~7백만 원 정도가 전 재산이었다.

이분의 고민처럼 생활 여건 때문에 그 지역을 벗어나지 못하는 경우가 많다. 하지만 공공주택이라는 것이 내 상황에 딱 맞게 공급되는 경우 또한 많지 않다. 그래서 필자는 이분 상황에서는 보증금을 지원하는 전세임대주택이나 기존 주택을 매입해 리모델링 후 공급하는 매입임대주택을 추천했다.

이분은 현재 '보호대상 한부모가정'이라 전세임대주택이던 매입임대주택이던 1순위 조건으로 유리했지만, 당첨되더라도 세입자가 거주할 집을 직접 구해야 하는 전세임대주택보다 당첨되면 바로 입주하는 매입임대주택을 목표로 준비했다.

집이 절실한 사람에게는 복이라는 것도 따라오는 것일까? 두 달 만에 희망하는 매입임대주택에 당첨되었다. 가게에서 가까운 거리이고 방 두 개에 독립 거실이 있는 집이었다. 그 전의 원룸에 비해 그저 방이 하나 더 있을 뿐인데 너무 넓게 느껴진다고 좋아했다. 당첨된 곳이 보증금 6백만 원에 월 임대료 10만 원 정도로 빚내지 않고도 이런 멋진 집을 구할 수 있다니 믿어지지 않는다고 했다.

필자가 생각해도 여러 공공주택 중 매입임대주택이 가장 저렴하게 공급된다. 그렇기 때문에 사회취약계층이 우선되는 구조이다. 이분은 여기에서 만족하지 않고 국민임대주택이나 장기전세주택으로 옮겨가면서 나중에는 내 명의의 집이 되는 공공분양주택까지 준비하고 싶다고 했다. 주거에 목표가 생기니 삶의 큰 틀이 잡혔다는 그분의 말에 필자는 '집은 정말 희망이 될 수 있다'라는 것을 다시 한 번 느꼈다.

🏠 일반가구 당첨 사례 3 _ 장기전세주택 → 공공분양주택

O 씨의 사례 – 일반가구 당첨 / 장기전세주택 → 공공분양주택

1. 주거 목적 : 가족이 거주할 집(일반계층)
2. 현 거주지 : 서울시 강동구(서울 계속 거주, 현재 장기전세주택 거주 중)
3. 직업/나이 : 근로소득자(4대 보험 가입자) / 47세 남성
4. 세대 구성 : 5인(본인, 배우자, 자녀 2명, 모친)
5. 소득 구간 : 130% 이내 구간(부부 합산 850만 원)
6. 청약통장 현황 : 청약종합저축통장(2002년 5월 개설 / 198회 납입)
7. 주택 소유 여부 : 과거 주택을 소유한 적이 없는 무주택자
8. 자산 현황 : 자동차 소유(차량 기준가 이하)

당첨 지역 : 경기도 하남시
당첨 금액 : 5억 5천만 원

"20살부터 꾸준히 납입한 청약통장 덕분에 우리집이 생겼습니다."

2019년 1월 31일 오후쯤 평소보다 요란한 소리로 전화벨이 울렸다.

"소장님, 당첨자 명단에 제가 있어요. 드디어 당첨되었어요! 아내보다 소장님한테 먼저 알려드리려고요."

전화벨 소리만큼 다소 흥분한 목소리로 본인의 당첨 사실을 필자에게 가장 먼저 알려준 이분은 경기도 하남시 감일지구 공공분양주택에 당첨되었다. 특별공급도 아닌 일반공급으로 84m^2형에 당첨된 것이다. 일반공급의 당첨기준은 청약통장 1순위(2년 24회) 조건 이후 3년의 무주택 기간이 지나고 청약통장 금액이 많은 순으로 당첨자를 선정한다.

　여기서 청약통장 금액이 많은 기준은 매월 10만 원까지 납입한 총 납입 금액을 기준 한다. 이분은 20세에 가입한 청약저축통장을 17년간 198회를 매월 10만 원씩 꾸준히 납입하여 총 1,980만 원짜리 청약저축통장을 유지하고 있었다.

　신청 전 74m^2형과 84m^2형을 두고 어떤 것을 신청할 것인지 마지막까지 고민했지만 필자는 당첨을 위한 소신 지원도 좋지만, 자녀 2명과 모친 등 5인이 거주할 것이니 84m^2형을 신청하자고 했다. 그 결과 84m^2형의 서울 지역 커트라인 금액이 1,822만 원으로 나왔고 이분은 1,980만 원이 납입했기 때문에 150만 원 정도 여유 있게 당첨되었다.

　사실 이분은 5년 전 이미 서울시 강동구에 있는 장기전세주택에 거주하고 있었다. 즉 이번이 두 번째 당첨인 것이다. 5년 전 장기전세주택을 신청할 때도 지금과 같은 일반공급으로 당첨되었다. 서울 거주 기간이 10년 이상 5점, 무주택 기간 10년 이상 5점, 신청자 나이 만 40세 이상 3점, 부양가족 수 4인 4점, 미성년 자녀 2명 2점,

청약통장 96회 이상 5점, 65세 이상 모친을 3년 이상 부양 2점, 소득 100% 이하 3점 등 총 29점으로 높은 점수로 당첨되었던 것이다.

현재 거주하는 장기전세주택도 보증금 2억 원 중반대로 저렴하고 최장 20년간 거주 가능한 것도 좋지만 결국 내 집이 될 수 없는 방식이라 퇴거 이후가 항상 걱정이었다고 했다. 필자의 생각도 이분과 다르지 않다. 행복주택이든 장기전세주택이든 임대 방식의 공공주택은 내 명의의 집으로 분양 전환되는 집이 아니다. 그렇기 때문에 거주하는 동안 다음 집에 대한 계획과 준비를 꼭 해야만 한다. 그래야 안정적인 미래가 있다.

이분의 경우 20세 때 가입한 청약통장을 매달 꼬박꼬박 10만 원씩 납입했기 때문에 지금의 내 집 마련이 어렵지 않았다.

"드신 날과 안 드신 날의 차이를 경험해보세요."

어느 제약회사의 카피 문구다. 이 카피 문구를 청약통장으로 응용해서 필자는 이렇게 말하고 싶다.

"청약통장을 드신 분과 안 드신 분의 차이를 확인해보세요."

홈드림 캠프, 주거 안정으로부터 생겨난 꿈을 이루다

누구에게나 꿈이 있습니다. 부자가 되는 꿈, 행복한 가정을 이루는 꿈, 내 집 마련의 꿈 등 저마다 꿈이 있고 그 꿈을 위해 노력하며 살고 있습니다. 하지만 생각만큼 꿈을 이루는 것이 결코 쉽지 않다는 것을 우리는 잘 알고 있습니다. 당장 먹고살기도 바쁜 마당에 꿈을 이루기 위한 시간을 내기 부담스러운 냉혹한 현실 때문이 아닌가 생각합니다.

사실 필자는 구체적인 꿈이 없었습니다. 막연하게나마 그냥 행복했으면 좋겠다는 생각뿐 어떤 일을 이루고 싶다는 생각은 없었지요. 그런데 공공주택으로 임대에서 분양까지 내 집 마련을 이루고 나니 무언가 하고 싶은 일이 생겼습니다. 그것은 내가 했던 것처럼 공공주택으로 내 집 마련을 하는 방법을 남들에게 알려주고 싶다는 것이었습니다.

그 생각이 지금의 '홈드림연구소'를 만들었습니다. 열악한 주거 환경에서 힘들게 사는 사람들에게 공공주택을 알려주고 싶었고, 내 집 마련을 포기하는 청년과 신혼부부에게 할 수 있다는 희망을 주고 싶었습니다. 그렇게 직접 발로 뛰며 수많은 강의를 했던 세월이 어느덧 10년 가까이 흘렀습니다. 이런 과정에서 생각지도 않던 구체적인 꿈이 생겼습니다.

그 꿈은 '홈드림 캠프'입니다. 부동산 투자나 정책을 공부하는 것이 아닌 내 집 마련을 희망하는 사람들에게 올바르고 현실성 있는 내 집 마련 방법을 함께 공부하는 공간을 만들고 싶었습니다. 그것도 도심 지역을 벗어나 자연이 있는 시골에서 시작하고 싶었습니다. 꿈이 생겼으니 그 꿈을 이루기 위해 하나하나 차근차근 준비해 왔습니다.

그렇게 3년간 준비를 하다 보니 어느덧 '홈드림 캠프'가 2019년 10월 완성됩니다. 강원도 횡성군 둔내면에 나지막한 언덕 위 작은 벽돌집을 지었습니다. 경관이 수려하거나 시원한 계곡이 있거나 유명한 관광지가 있는 곳이 아닙니다. 그냥 논밭이 있고 비닐하우스가 있는 작은 시골마을입니다. 왠지 마음이 편안해지는 느낌을 주는 곳이라 저는 생각됩니다.

여기 '홈드림 캠프'에서 내 집 마련을 공부하는 것뿐만 아니라 신혼부부와 예비부부에게는 부부 예절과 교양 교육을, 청년에게는 올바른 재테크 교육을 할 것입니다. 분야별 전문가를 모셔서 함께 이야기하고 토론하는 장을 만드는 것입니다. 이런 생각만 해도 저는 벌써부터 두근거리고 행복해집니다.

생각해보면 저에게 이런 꿈이 생겨난 것은 바로 주거 안정 덕분입니다. 만일 주거가 불안했거나 내 집 마련을 못했다면 이런 꿈 조차 없었을 것입니다. 저는 생각해봅니다. 집이 가져다주는 것이 단순한 집이 아닌 그 이상이 될 수 있다는 것을.

당신의 꿈을 응원합니다.

공공주택으로 난생처음 내 집 마련

초판 1쇄 인쇄 2019년 5월 21일
초판 1쇄 발행 2019년 5월 30일

지은이 김상암
펴낸이 이원주

임프린트 대표 김경섭
책임편집 송현경
기획편집 정은미·권지숙·정상미·정인경
디자인 정정은·김덕오
마케팅 윤주환·어윤지·이강희
제작 정웅래·김영훈

발행처 지식너머
출판등록 제2013-000128호
주소 서울특별시 서초구 사임당로 82 (우편번호 06641)
전화 편집 (02) 3487-1141 **영업** (02) 3471-8044

ISBN 978-89-527-9976-0 03320